KB040442

그래서 집이
어디라고요?

그래서·집이 어디라고요?

한국 엄마 독일 정착기

지은이 김유진

○ㅅ

천국은 아니지만 그럭저럭 살만한

결혼 14년 차, 첫째 아들은 만으로 아홉 살이었다. 둘째 딸아이가 고작 네 살, 외국이라는 개념조차 알지 못하는 나이다. 2016년 7월 26일, 한국의 무더운 여름을 뒤로하고 비행기에 몸을 실었다. 열세 시간의 비행은 독일이 한국과 얼마나 멀리 떨어져 있는지 실감하기에 충분했다. 비행기를 타 본 경험이라곤 고작 제주도뿐이었던 남매는 마냥 신나 보였다. 두 끼의 기내식을 먹고 앉은 자리에서 게임을 실컷 하다가 까무룩 잠이 들었다. 아이들이 깨자 남편은 오누이와 함께 원 카드 게임을 하며 지루함을 달래주었다. 비행기에 탈 때까지 신경 쓰고 챙길 일이 많아 눈이 자꾸 감기는 엄마와 달리 남매는 끝까지 천진난만하고 활기가 넘쳤다.

브레멘 공항에 도착하니 아직도 7월 26일이다. 밤 9시가 넘었는데 그제야 조금씩 어둠이 내리기 시작한다. 한국의 초저녁 같은 파란 하늘과 달리 밤공기는 싸늘하다. 냉장고 바지와 구멍이 숭숭 뚫린 크록스 신발에 민소매를 입은 딸아이가 오들오들 떨었다. 밤에 도착할 걸 염두에 두고 남편은 브레멘 공항에서 멀지 않은 호텔을 예약해 두었다. 6개월 전에 큰 살림살이들은 미리 부쳤는데도 카트에 캐리어가 주렁주렁이다. 홀리데이 인(Holiday Inn), 어쩐지 휴가지에서 마주칠 법한 낭만적인 이름이다. 호텔에 도착해서 와이파이를 연결하니 비행시간 동안 쌓인 가족들의 카톡이 주르륵 올라왔다. 어린애들을 데리고 장거리 비행이 힘들지는 않았는지. 독일에 무사히 잘 도착했는지 걱정하는 내용이었다. 호텔에 도착해서 대충 짐을 풀고 씻고 나니 밤 11시, 한국의 언니들에게 페이스 톡으로 우리 가족의 무사 도착을 알렸다. 몸은 피곤했지만 시차 때문에 쉬이 잠들지 못하는 독일에서의 첫날밤이었다.

다음날 고맙게도 주인집 부부인 피터와 마리타가 우리 가족을 데리러 왔다. 피터가 일할 때 쓰는 밴에 캐리어를 싣고 남편이 조수석 자리에 탔다. 나와 아이들은 마리타가 운전하는 승용차에 탔다. 어색한 침묵에 애써 미소 짓느라 길게만 느껴지는 30분이었지만 바깥 풍경은 어찌나 아름다운지 감탄이 절로 나왔다. 어느덧 우리가 살 집이 보였다. 네 식구가 살 집은 독일어로 백조라는 뜻의 슈반(Schwan)에서 유래한 슈바니베데(Schwanewede)라는 마을에 구했다. 남편이 다닐 국제 대학원이 있는 브레멘보다 월세는 저렴하고 근처에 유치원 초등학교 김나지움까지 완벽하게 갖춰진 곳이다. 학교 홈페이지에서 마음에 드는 집을 발견했는데 사진 한 장 올려놓지 않아 계약하기까지 우여곡절이 많았다. 7시간의 시차를 고려해 새벽마다 주인집과 통화를 시도했는데 그냥 끊어버리기 일쑤였다. 나중에 알고 보니 마리타는 영어를 전혀 못 하셨고 그때까지 남편이 배운 독일어는 알아들을 수준이 아니었다. 남편이 다닐 대학원에서 행정적인 일을 담당하는 코디네이터가 주인집과 대신 연락을 취해주고 중국에서 온 같은 과 여학생 왕(Whang)이 집과 근처의 유치원 사진을 찍어서 메일로 보내준 덕분에 무사히 집을 구할 수 있었다.

어느 날부턴가 헤드헌터로 일하던 남편이 독일에서 살고 싶다고 입버릇처럼 중얼거렸다. 아무래도 한국에선 미래가 없는 것 같아. 독일에서 살아 보면 어떨까, 마음을 조금씩 내비쳤다. 하나의 관문을 통과하기 위해 아무 생각 없이 전력 질주하는 삶 말고, 아이들에겐 우리가 살아온 삶의 방식과는 다른 길을 선택하게 해주고 싶다고 했다. 남편의 말에 마음이 조금씩 움직이기 시작했지만, 한국을 떠나기로 마음먹는 데는 2년이라는 시간이 걸렸다.

남편이 빠듯한 살림에 독일어 개인 과외를 받을 때만 해도 '저 사람 진짜 독일에 갈 생각인 건가?' 긴가민가했다. 남편이 독일이라는 나라를 선택한 이유는 건전한 시민 의식 그리고 좋은 복지와 교육제도 때문이다. 어려운 독일 어만 배운다면 이미 포화상태인 캐나다나 뉴질랜드보다 진입장벽이 낮다고 판단했다. 독일에서 살고 싶다는 남편의 마음에 공감했지만 한국을 떠난다고 좋아진다는 보장은 어디에도 없고 더 잘살게 될지도 알 수 없어서 불안했다. 마흔 중반에 취업이 아니라 유학으로 이민 생활을 시작한다니! 애가 둘이나 있는 상황에서 현실적인 문제를 생각하지 않을 수 없었다. 공부를 끝낸다고 취업이 된다는 보장은 어디에도 없으니까. 황현산 님의 "불안이 슬픔보다 끔찍하다."라는 말은 이때 딱 어울린다. 뭔가를 시작하기에 늦은 나이는 없다지만 막상 떠나려니 과연 우리가 잘 해낼 수 있을까. 사십 대가 너무 늦은 나이는 아닐까. 만약 계획대로 되지 않는다면. 묻고 또 물었다.

경기도 양주 집의 전세금을 빼고 대출을 받아 산 아파트를 정리하니 빚은 깔끔하게 청산되었다. 미래는 불안했지만 적어도 우리는 홀가분한 기분으로 새롭게 시작할 기회를 얻었다. 파울로 코엘료의 소설 『연금술사』에서 양치기 산티아고는 가진 양을 다 팔아 '자아의 신화'를 찾아 떠난다. 그때 우리 부부의 각오가 그랬다. 과연 유학 생활 2년을 버틸 수 있을까 싶을 만큼 수중의 돈은 보잘것없더라도 말이다. 남편은 '한국이 싫어서'라기보다 한국에선 자신이 더 이상 경쟁력이 없다고 했다. 더 나은 미래를 꿈꾸고, 무엇보다 행복해지길 원했다. 돌이켜 생각해 보니 남편이 가족의 미래를 생각하지 않았더라면, 이렇게 무모한 도전을 감내할 이유가 없었다.

독일어를 배워 의사소통이 원활해질 때까지 한국에 있는 친구들이 보고 싶다고 울던 아들과 유치원에서 친구 없이 혼자 퍼즐만 맞추며 외로움을 견딘 딸이 고맙다. 자기보다 열 살이나 어린 교수 밑에서 영어로 수업을 들으며 스무 살이나 어린 학생들과 경쟁한 남편이 자랑스럽다. 무작정 떠나온 낯선 나라에서 새벽같이 일어나 도시락을 싼 내가 대견스럽다. 마흔 살까지 유럽 여행 한 번 못 해본 내가 독일에서 만나는 낯선 사람들과 아무렇지 않게 할로!(Hallo)를 외치는 주민이 되었다니!

아이들은 끝날 것 같지 않았던 낯섦을 잘 견뎌주었다. 무사히 독일 초등학교(그룬트슐레)를 졸업하고 김나지움으로 진학했다. 남편은 한국을 떠나기 전에 세웠던 계획대로 석사 졸업 전에 독일 회사에 취업했다. 난 로컬 식당에서 주방보조로 일하며 새로운 삶을 시작했다.

지인들이 묻는다.

ㅇ 독일에선 뭐 먹고 살아?

밥도 먹고 빵도 먹어. 당연히 맥주도 마시고 감자와 소시
지도 자주 먹고.

ㅇ 독일 살기 좋지?

나쁘지 않아. 공기도 좋고 생활 물가는 싸고. 무엇보다 신
경성 대장염으로 고생한 남편의 설사가 멎었어.

ㅇ 독일어는 좀 늘었어?

별로. 애들 외국어 습득이 놀랄 만큼 빠른 것에 비하면 늘
지 않는 게 어메이징할 정도야.

ㅇ 애들 학교생활은 어때?

애들에겐 천국일지도 모르겠어. 단, 초반의 어려움을 잘 극
복하고 적응할 수 있다면.

낯선 나라에서의 생활이라고 다를까. 7시 45분에 1교시가 시작되는 오누이를 새벽같이 깨우고 간단한 아침을 챙겨 먹이고 빵과 과일 도시락을 싸서 학교에 보낸다. 수업이 일찍 시작되는 만큼 하교 시간도 빨라 점심까지 집에서 먹는 경우가 허다하니 뒤돌아서면 아이들이 집에 온다. 엄마인 나는 독일에서도 오늘은 뭘 해 먹나 고민하고 햇볕이 좋으면 밀린 빨래를 하는 보통의 날들을 산다. 어디에 있건 우리는 한 번도 살아본 적 없는 오늘과 마주할 뿐이다. 이왕 밟기로 한 땅, 낯선 나라에서의 삶이지만 한 사람의 아내로서, 두 아이의 엄마로 땀 흘려 일하는 생활인으로 살아간다.

독일에서 김유진

지금은 아무렇지 않은 시간, 그것만으로 충분하다. 시간
은 항상 우리에게서 무언가를 빼앗아 가지만 시간을 쌓
아야만 만들어지는 것도 있다는 사실을 나는 18개월이
라는 적응 기간을 통해 배웠다.

PART 1

어쩌면 1년 반이라는 시간은 한국에서의 나를 버리고 새
로운 곳에 적응하기 위해 꼭 필요한 기간은 아니었을까.

떠날 때는 미처 몰랐던

슈바니베데에서 4년 그리고 이곳 슈토프에서 2년을 살았다. 6년 동안 한국에는 2017년 여름에 딱 한 번 다녀온 게 전부다. 코로나로 국경이 오래 봉쇄되었던 탓도 있지만 사실 4인 가족이 움직이는 데 필요한 경비가 어마 무시한 이유가 가장 크다. 1인당 최소 120만 원에서 150만 원의 비행기 표값에 한국 체류비용까지 계산하면 천만 원은 족히 든다. 지인들은 입버릇처럼 "한 번 놀러 갈게."라고 말했지만, 독일에 사는 6년 동안 실제로 온 사람은 큰언니와 두 명의 조카뿐이다. 열세 시간이라는 비행시간과 비싼 비용을 생각하면 어쩌면 당연한 일이다.

한국 방문은 가장 힘겨울 것으로 예상되는 첫해를 무

사히 보내고 난 다음으로 계획했다. 당시 우리의 경제 사정으로는 무리였지만 독일에 적응하느라 고생한 가족에게는 정신적 위로가 필요했다. 남매의 여름 방학 일정에 맞추어 3주 동안 한국에 다녀왔다. 인천 공항엔 셋째 언니가 대표로 픽업을 왔다. 한국에 가서 제일 먼저 한 건 미용실에 들러서 내가 원하는 스타일로 머리를 자르는 일이었다. 예약 없이 은행 업무를 볼 수 있는 게 어찌나 감사하던지. 독일에서 스케일링을 받으려면 한국보다 다섯 배 정도 비싸기에 가족 모두 치아 점검도 받고 치료도 빠짐없이 받았다. 그리웠던 가족들이 한자리에 모여서 상다리가 부러지게 차려진 한식을 배불리 먹으며 편안한 모국어로 대화할 수 있다는 게 가장 기쁜 일이다.

    독일로 돌아오는 비행기에는 식구가 한 명 늘었다. 셋째 언니의 딸인 신원이는 세종대 행정학과 3학년일 때 쾰른(Köln)에 있는 사립 대학의 교환학생을 한 학기 동안 신청했다. 신원이는 학기가 시작되기 전에 브레멘 근처에 사는 우리 집을 베이스캠프로 삼아 유럽 여행을 종종 떠났고 집에 올 때마다 오누이는 달떴다. 그 들뜸에 부응이라도 하듯이 여행지마다 잊지 않고 선물을 사 왔다.

여름에 우리와 같이 왔다가 한 학기를 마친 조카가 떠나는 날, 남매는 각자 장난감 자동차 밀 듯 누나의 짐가방을 하나씩 차지하고 소란스럽게 정류장까지 배웅했다. 도착하자마자 버스가 도착했다. 우리는 얼떨결에 손만 흔들었고 신원이는 우리의 모습을 마지막까지 담으려고 버스가 출발할 때까지 카메라 셔터를 연신 눌러댔다. 아이들은 신원이가 탄 버스의 뒤꽁무니만 한참 눈으로 좇다 주저앉아 버렸다. 집으로 돌아오는 길에도 풀이 죽어 땅만 쳐다본다. 문을 여니 신원이가 딸과 하다만 마우마우 카드가 소파 위에 펼쳐진 채 그대로다. 든 자리는 몰라도 난 자리는 안다더니. 고작 짐가방 세 개가 사라졌을 뿐인데 집이 휑하다.

딸은 언니가 없다는 게 잠잘 무렵이 되어서야 실감이 났는지 언니가 보고 싶다고 다시 오면 좋겠다며 찾는다. 브레멘 공항에서 출발한 조카는 네덜란드 스키폴 공항을 경유할 즈음 전화를 걸어왔다. 화면으로 언니를 본 딸은 참던 울음을 그제야 터트린다. "언니 빨리 와. 언제 다시 올 거야. 그냥 지금 다시 오면 안 돼."라며 되지도 않는 떼를 부린다. 신원이도 전화기 너머에서 눈물을 훔치는지 공항 풍경만 화면 속에서 흔들린다. 페이스 톡으로 통화는 했지만 화면을 사이에 두고 서로의 흐르는 눈물은 닦아주지 못한다. 흔들리는 화면이 마치 둘 사이를 가로막은 국경선 같았다. 딸은 한동안 언니를 와락 껴안지도 못할 테고 손잡고 도란도란 걷거나 한 상에서 밥을 먹지도 못한다. 아이는 매일 밤 카드 게임을 하자고 보채지 못할 거다.

한국을 떠나던 날도 그랬다. 공항에서 점심을 먹을 때까지만 해도 실감 나지 않았다. 당일 새벽까지 빠진 짐이 없나 챙기느라 잠을 설쳤다. 여행 가방의 지퍼를 쉽게 닫지 못하면서도 한편으론 얼른 비행기에 타서 끊임없는 염려를 내려놓고 싶은 마음뿐이었다. 본능이었을까. 독일에선 먹기 힘들 것 같은 사골국을 시켰다. 뽀얀 국물에 밥을 말아 반쯤 넘겼을 때 영윤이 엄마가 전화를 했다. 영윤이는 아들이 다섯 살 때 유치원에서 만나 초등학교 3학년까지 쭉 단짝 친구로 지냈다. 첫째 아이들끼리만 친한 게 아니라 둘째 아이들의 이름 끝 자도 같은 재인과 혜인이라 자매처럼 친하게 지냈고 5년간 같은 아파트 단지에서 가깝게 지낸 엄마다. 아이는 친구와 기운 없이 통화를 하다가 갑자기 입을 꾹 다문 채 내게 전화기를 건넨다. 물기가 가득한 영윤 엄마의 "언니, 잘 가."라는 힘겹게 내뱉는 한 마디에 비로소 이별을 실감했다.

사골국이 어디로 들어갔는지도 모르게 시간은 빠르게 흘렀다. 몸은 제멋대로 움직여 어느새 공항 검색대 앞이었다. 공항에 배웅 온 친 언니 세 명과 형부에게 인사를 하고 돌아섰다. 언니들은 곧 유럽으로 여행 갈 거라며 웃고 떠들다가 갑작스러운 이별 앞에 당혹스러워했다. 셋째 언니는 내 얼굴을 어루만지며 말없이 눈물만 떨군다. 엄마 같은 언니들을 쉽게 만나지 못한다는 것이 한국을 떠나는 제일 큰 슬픔이다. 옆 동에 살아서 틈날 때마다 찾아가 밥 좀 달라고 응석을 부려도 정성껏 밥상을 차려주던 셋째 언니 집에 언제쯤 다시 올 수 있을까.

시부모님께 독일에 간다고 말씀드린 날, 어머님은 다

리가 풀려 그 자리에 주저앉아 눈물을 흘리셨다. 자식이라도 부모가 말릴 재간이 없다는 걸 아시고 선진국에서 살면 더 좋을 수도 있다고 마음을 다잡으셨다. 너희만 잘살면 된다고, 우리 걱정은 말라면서 아들의 결정을 지지하면서도 슬픔은 감추지 못하셨다. 한국에서도 1년에 한두 번밖에 못 만나는 거리에 살았는데 그마저 못한다고 생각하니 자식이 잘되길 바라면서도 다신 못 볼 것처럼 낙담하셨다.

나를 아끼던 스승님은 헤어지는 일은 '짧은 죽음'을 경험하는 거라고 했다. 다시 만나지 못하는 것은 아니지만, 쉽게 만날 수 없다는 점 때문이라는 걸 이제야 깨닫는다. 내 곁에 있는 게 당연하다고 여긴 사람들이지만 이젠 상당한 비용과 시간을 들여야 겨우 만날 수 있을 것이다. 죽음과 삶의 간격만큼은 아닐지라도 언제 밥 한번 같이 먹자, 라는 약속을 지키기가 어려울 만큼 독일과 한국의 물리적 거리는 멀다. 열망만으로는 만날 수 없으니 짧은 죽음을 체험하는 것과 다를 바 없다.

지금은 간신히 아무렇지도 않을 무렵

　프랑스 철학자인 롤랑 바르트는 그의 책 『애도 일기』에서, 엄마가 돌아가신 후 그녀의 환청을 들었음을 고백한다. "나의 롤랑, 나의 롤랑" 하며 자신을 부르던 엄마의 목소리가 들릴 때마다 그리움에 사무치고 집 곳곳에서 엄마의 흔적을 느끼며 괴로워한다. 어딜 가나 엄마와 함께했던 추억을 떨칠 수 없다. 그의 글을 읽으면 소중한 이가 곁에 없는 고통이 어떤 것인지 손으로 만져질 것만 같다.

　독일에 오면서 경험한 헤어짐이 '짧은 죽음' 같았다면, 낯선 나라에서 적응하는 과정은 바르트가 말한 '애도의 감정'과 비슷했다. 18개월이라는 애도의 유통기한이 어떻게 산정된 건지 알 수 없지만 내가 독일이라는 낯선 곳에서 정서적, 신체적으로 적응하는 데 걸린 시간이 딱 그만큼이었다. 1년 반 정도의 시간이 지나고 난 후에야 알람 소리에 의존하지 않고도 몸이 알아서 깨는 새벽 기상이 가능해졌다. 독일과 한국 사이에는 8시간(서머 타임이 시작되는 3월 마지막 주 일요일부터 10월 말까지는 7시간)의 시차가 있다. 한국이 자정인 오후 네 시엔 눈이 무거워서 저절로 감겼다. 배꼽시계만큼 정확한 몸이 어찌나 신기한지, 잠자리에 들 때면 습관적으로 한국 시각을 확인하곤 했는데 그때가 새벽 5시였다. 새벽형 인간이 되려고 숱하게 애썼던 날들이 생각나서 괜히 억울한 마음이 들었다.

한국인은 밥심이라고 말했던 나였지만 시간이 지나자 빵만으로도 충분했다. 딸이 '까만 빵'이라고 부르는 거친 식감의 폴콘브로트(Vollkornbrot 통밀빵)가 고소하다고 느껴지는 순간이 왔다. 딱딱한 식감의 현미밥이 익숙해지듯 통밀빵의 맛에 적응했다. 처음에는 한국에서 접해보지 못한 빵이라 얼마나 당황했는지 모른다. 먹고 나면 금방 배고파져서 훙어브로트(Hungerbrot 배고픈 빵)라고 부르는 부드러운 식빵 대신 몇 쪽만 먹어도 든든한 통밀빵을 아침에도 먹고 도시락으로도 싼다. 간단한 독일 식단이 준비하기도 편하고 의외로 몸에 부대끼지 않는다. 하루에 한 끼도 쌀밥을 먹지 않아도 전혀 이상하지 않게 되었다. 얼큰한 국물이 예전처럼 자주 생각나지도 않는다. 겉절이나 깍두기를 마지막으로 담근 게 언제인지 가물가물해졌다.

독일에서는 친구 집에 초대를 받으면 한국처럼 생필품인 휴지나 세제를 사 가는 대신 꽃이나 와인을 준비해 간다. 하긴 한국에서도 집들이 초대가 아닌 이상 생필품을 사 갔던 기억은 없다. 일요일엔 문 여는 마트가 없으니 무슨 일이 있어도 토요일엔 꼭 장을 본다. 독일 최대 명절인 크리스마스엔 3일이나 상점이 문을 닫기에 미리 식료품을 쟁여놓는다. 독일에는 24시간 문을 여는 편의점은 물론이고 앱으로 배달시킬 가게도 없다. 하지만 이제는 하루 세 끼 꼬박꼬박 차려내는 수고로움이 더 이상 억울하지 않다. 마치 처음부터 그랬던 것처럼 말이다. 이렇게 사는 것도 나쁘지 않아, 라고 매일 주문을 건다. 물론 주문의 유통기한이 짧다는 게 함정이지만.

시도 때도 없이 내리는 비가 싫지 않고, 가끔은 빗소리가 정겹기까지 하다. 퍼붓는 폭우 대신 수시로 가는 비가 내리는데, 날씨가 참 이상하다고 중얼거리며 외출하면 어김없이 비를 맞는다. 처음엔 우산을 꼭 챙겼는데 이젠 그냥 맞는다. 여름엔 한국보다 덜 덥고(36도까지 오르는 날도 며칠 있지만) 겨울엔 한국보다 덜 추운 날씨가 나름 괜찮다. 영하로 떨어지는 날이 손에 꼽지만 겨울에는 오후 네 시면 어두워진다. 해가 어찌나 귀한지 맑은 날이면 감사가 절로 나오고 햇볕을 온몸으로 맞으려고 밖으로 뛰쳐나간다. 독일 집들의 창문이 유독 많고 유럽의 노천카페가 발달한 건 다 이유가 있다.

카페에서 홀로 보내는 시간을 사랑하지만 좋아하는 사람과 의미 있는 대화를 나누며 마시는 커피가 얼마나 달콤한지 자주 생각한다. 한국어로 떠드는 말들을 쏟아지는 폭포처럼 맞고 싶어 미칠 지경일 때도 있다. 독일에서의 첫해엔 친밀한 사람, 알던 사람을 만나고 싶다는 생각만 간절했다. 낯선 사람과 마주칠 때면 자동으로, 명랑한 척 튀어나오는 '할로(Hallo 안녕)'라는 인사뿐 아니라 이곳에서 만나는 모든 것들이 견디기 어려울 만큼 지루한 시간이었다.

독일어를 전혀 못 했던 난 운 좋게도 영어가 가능하고 친절한 클라우디아를 만났다. 새로운 친구에게도 시간을 들이면 언젠가는 친밀해지리라 믿으면서 마음을 조금씩 내준다. 하지만 언제까지나 영어에 의존해서 독일어를 밀어낼 수는 없다. 독일어만 들리는 곳에 있다가 집에 오면 멀미가 날 지경인데, 이 어려운 독일어를 해야 한다는 게 때로는 형벌처럼 느껴져 한숨이 절로 나온다. 돌아보니 독일어에 마음을 열고 적극적으로 공부를 시작한 때도 신기하게 1년 반 즈음이다.

절망, 어딜 가나 지루할 뿐, 무기력, 건조한 외로움 등 바르트가 엄마를 잃은 후 애도 과정에서 느끼는 감정이 새로운 곳에서 적응하면서 느낀 감정과 흡사해서 놀랐다. 기후뿐 아니라 음식 그리고 만나는 사람과 신체 리듬까지 적응해 버렸다. 원래 살던 곳으로 돌아가고 싶다는 간절한 마음은 어느새 사라져 있었다. 지금은 아무렇지 않은 시

간, 그것만으로 충분하다. 시간은 항상 우리에게서 무언가를 빼앗아 가지만 시간을 쌓아야만 만들어지는 것도 있다는 사실을 나는 18개월이라는 적응 기간을 통해 배웠다. 어쩌면 1년 반이라는 시간은 한국에서의 나를 버리고 새로운 곳에 적응하기 위해 꼭 필요한 기간은 아니었을까.

체면 따위는 개나 줘버리라지

여름이면 이탈리아인이 운영하는 젤라또 가게 앞에 줄을 선다. 가게에서 원하는 맛 한스쿱을 콘에 담으면 1유로다. 특별한 계획이 없어서 나른한 일요일 오후나 남매가 학교를 마치고 온 금요일 오후에 종종 젤라또 아이스크림을 사 먹는다. 나는 요거트, 남편은 티라미수, 아들은 카라멜, 딸은 레몬 맛을 제일 좋아한다. 아이스크림에 흠뻑 행복할 줄 아는 우린 경제적으로 풍족하진 않지만 마음만은 늘 충만한 가족이다. 약간의 결핍은 동기부여의 동력으로 사용할 줄 알고 인생에서 중요한 것들은 놓치지 않으려고 노력한다. 우리에겐 언제나 가족이 1순위다. 아무리 바쁘더라도 아이들과 충분한 시간을 보내려고 애쓰고 어떤 상황에서도 가족이라면 함께 살아야 한다는 사실에 동의한다. 무슨 난관이라도 가족이 함께한다면 이겨낼 수 있다고도 믿는다.

어쭙잖게 '배운' 사람에 속해서 단순노동 앞에서 멈칫했던 마음이 이민자의 삶을 살면서 아무렇지도 않게 되었다. 물론 좀 더 안락한 근무 환경은 존재하고 노동의 강도에 따라 임금의 차이는 있지만 독일에서 직업의 귀천은 없다. 부자든 빈자든 중산층이든 평민이든 하루 세 끼 밥 앞에 모두 평등하다. 글을 쓰거나 상담하는 일이 집을 짓거나 쓰레기를 치우거나 버스를 운전하는 일보다 고상하다고 여기지 않는다.

예순여섯인 주인 할아버지 피터는 집 짓는 일을 하신 지 50년째다. 백발이 멋스럽게 어울리는 그의 머리는 아내인 마리타가 직접 잘라준다. 예쁘다고 아는 척이라도 하는 날이면 아주 마음에 든다고 자랑스럽게 말씀하신다. 1층엔 피터와 마리타가 살고 2층엔 우리 가족이 세 들어 산다. 그림 같은 이 집도 그가 직접 지었다. 우린 1, 2층에 따로 살지만 정원은 함께 가꿨다. 남편이 전동 기계로 잔디를 쳐음으로 깎은 날, 잔디 깎기에 전선이 딸려 들어가면서 끊어졌을 때도 피터가 아무렇지 않게 뚝딱 고쳐주셨다. 피터보다 연상이신 칠십 대 중반의 마리타가 정원의 풀을 혼자 다 뽑거나 물도 주셨다. 그럴 때 오누이는 마리타를 도왔는데 다섯 살인 딸이 들기엔 큰 물뿌리개 대신 작은 것으로 몰래 바꿔놓는 성품이셨다. 오누이의 등하굣길에 쓸 튼튼한 무지갯빛 우산을 계단 밑에 말없이 두고 가기도 하셨다. 눈 내린 겨울엔 오누이에게 창고에서 나무로 된 썰매도 꺼내주셨다. 그렇게 마리타와 피터는 세입자를 여러 모양으로 살뜰하게 챙기셨다.

지붕에서 비가 새든 낡은 벽의 페인트칠을 하든 할아버지는 슈퍼맨처럼 척척이다. 변기 뚜껑이 덜렁거린다고 했더니 작업복을 입고 등장하셔서 건식 화장실에 벌렁 드러누워서 뚝딱 고쳤다. 그곳이 화장실이든 지붕 위든 온몸을 던져 몰입하는 모습에 반했다. 자신이 하는 일에 자긍심을 느낀다는 아우라도 진하게 풍겼다. 휴일 저녁엔 작업복을 벗고 체크무늬 셔츠에 잘 다려진 면바지를 입고 갈색 가죽 구두를 신고 아내의 손을 잡고 근사한 이탈리아 식당으로 향한다. 발걸음마다 땀 흘려 돈을 버는 이의 당당한 자부심이 배어 나온다.

남편의 졸업까지 한 학기를 남겨둔 겨울 방학, 할아버지께 일자리를 부탁했다. 통장의 잔고는 우리의 예상보다 훨씬 빠른 속도로 줄어들고 있었다. 어떤 일이라도 가릴 처지가 아니다. 피터는 요즘 젊은 사람들은 좀처럼 몸 쓰는 일은 하지 않으려고 하는데 기특하다며 육체노동이라고는 한 번도 해본 적 없는 남편에게 흔쾌히 일자리를 주셨다. 피터와 일한 지 사흘 째 날엔 독일의 마트 중 하나인 알디(Aldi)에서 공사장에서 꼭 필요한 안전화와 연장을 넣을 수 있는 큼지막한 주머니가 달린 작업 바지를 샀다. 아침 일찍 할아버지를 따라간 남편이 중간에 보낸 문자엔 이렇게 쓰여 있었다. 강을 건너 어느 허름한 농가에 왔고 문자 보낼 틈 없고 일은 장난 아니니 어떠냐고 묻지 말아 달라고.

저녁 무렵 도착한 남편에게 현관문을 열어주며 얼굴을 살펴보니 생각보다 멀쩡했다. 아무 말 없이 하루 종일

노심초사한 내 손에 하루 일당으로 번 돈 60유로를 쥐여주었다. 직접 몸으로 일해서 번 돈이라 눈물겹고 감동이라 쓰기 어렵겠다고 너스레를 떨었다. 남편은 태어나서 처음으로 육체노동을 해서 돈을 번 역사적인 날이라 그런지 만감이 교차하는 듯 보였다. 8시간 일하는 동안 겨우 5분 쉬었고 도시락으로 싸간 빵을 먹을 시간도 없었단다. 밀폐된 공간에서 먼지를 뒤집어썼으며 팔 여기저기에 긁힌 자국투성이었다. 주인집 할아버지로 만났을 땐 마냥 착하고 순하신 분이 일터에선 카리스마가 장난 아니라며 힘들어 죽는 줄 알았단다. 한국이었다면 체면 생각해서 하기 어려운 일을 독일에 와서야 아무렇지 않게 하다니! 그날 밤 남편은 밤새 끙끙거리는 신음 소리를 내면서 뒤척였다. 독일에서까지 이렇게 고생을 할 거면 한국으로 돌아가는 게 낫지 않을까. 번뇌로 잠 못 이루면서도 마음을 다잡았다. 체면은 개나 줘버리라지. 어떻게든 살아남는 거다.

남편이 한국을 떠날 때 계획했던 대로 대학원을 졸업하고 취업이 된다면 우리에겐 마음의 평화가 주어질 거다. 그때까진 나에겐 커피 한 잔, 남편에겐 맥주 한 병이 불안을 잊게 해주는 고통 완화제다. 남편은 할아버지를 따라 집 고치는 일을 도우면서 최소 칠십 개의 이력서를 넣으면서 본격적인 일자리 찾기에 돌입했다. 숱하게 지원한 이력서들 중에 면접을 보러 오라고 연락이 온 건 가뭄에 콩 나듯 몇 개 뿐이었다. 남편은 밤 기차를 타고 장장 일곱 시간을 가서 다음 날 아침 9시에 인터뷰를 봐야 하는 회사도 마다하지 않았다.

남편은 졸업하기 전에 취업이 되어 졸업식에서 당당하게 학사모를 쓰면 걱정이 없겠다고 말했는데 졸업식을 두 달 앞둔 2018년 4월, 뮌스터에 있는 아이스크림 회사에서 인턴 생활을 시작할 수 있었다. 소망은 이뤘는데 다음 난관이 기다린다. 독일 회사에서 꼭 거쳐야 하는 6개월간의 프로베짜이트(Probezeit 수습 기간)이다. 이 기간은 회사와 직원이 서로를 파악할 수 있는 시간이면서 동시에 마음에 들지 않으면 자유롭게 계약 관계를 끝낼 수 있는 기간이다. 첫 번째 회사에서는 이 기간을 무사히 통과하지 못했다.

이력서를 내고 면접을 보고 합격을 하더라도 기쁨은 잠시 한국에선 경험해 보지 않은 수습 기간을 무사히 통과해서 정직원이 될 때까지 외줄 타는 심정으로 버텼다. 하루 일당 60유로씩 받아서 일주일 치 빵과 우유를 사던 날의 경험은 독일에서 앞으로 어떤 어려운 일이 닥치더라도 극복할 수 있다는 자신감을 남편과 내게 심어주었다. 직장에서의 스트레스와 커뮤니케이션의 어려움으로 남편이 힘겨워할 때마다 넌지시 묻곤 한다. "그래도 피터랑 일할 때보다는 낫지?" "그걸 말이라고" 남편은 오늘도 멋쩍게 웃어넘긴다.

발 마사지는 배워서 어디에 쓰려고

발 마사지 첫 수업 날, 어린 오누이만 덜렁 남겨두고 저녁 시간에 나가려니 발걸음이 떨어지지 않는다. 애들이 이젠 제법 컸으니 괜찮다는 걸 머리로는 알지만 엄마 마음은 어쩔 수 없나 보다. 한 번 외출하려면 준비할 것이 어찌나 많은지. 마침 다음 날이 딸 생일이라 학교에 가져갈 머핀 서른 개를 구우면서(독일 초등학교에선 생일인 아이가 머핀이나 케이크를 직접 구워가서 친구들과 나눠 먹는 문화가 있다.) 남매가 먹을 저녁까지 준비하느라 더 분주했다.

겨우 집에서 빠져나와 버스 맨 앞자리에 앉아 그제야 한숨을 돌린다. 슈바니베데에서 한 시간에 두 번 운행하는 버스를 타고 20분쯤 가서 페게작(Vegesack)에서 브레멘 (Bremen)으로 가는 기차에 오르자 눈이 저절로 감겼다. 안 그래도 저녁 시간에 취약해지는 사람인데 집에 남매만 남겨두고 나오니 걱정스럽고 낯선 장소를 찾아가야 하는 부담감까지 어깨를 무겁게 만든다. 이미 방전된 에너지를 기차 안에서 한 칸 겨우 채운다. 게다가 모두 독일어로 진행되는 발 마사지라니!

독일어 과정은 6단계(A1, A2, B1, B2, C1, C2)로 이루어져 있고 B2 정도면 독일 대학에도 입학할 수 있는 수준이다. 가장 기초인 A1은 독학으로 공부를 하다가 브레멘에 있는 시민대학인 포크호흐슐레(VHS, Volkshochschule)에서 외국인을 위한 독일어 과정 A2 과정을 3개월간 다녔다. 일주일에 4번 하루에 4시간씩 총 160시간을 수료했다. A2 과정을 마치고 나니 시험은 보지 않았지만 동네 마트에서 미니잡(Minijob) 정도는 할 수 있을 것 같은 자신감이 생겼다. 마트 세 곳에 온라인으로 이력서를 냈는데 어디에서도 연락이 없어서 의기소침해졌다. 나중에 알고 보니 독일 마트에서 일을 하려면 최소 B1(독일에서 영주권을 받을 때도 필요한 수준이다.) 정도의 자격은 필요한 거였다. 언어가 해결되지 않은 상태에서 독일에서 할만한 일은 육체노동밖에 없는데 그마저도 쉽지 않았다. 녹록치 않은 현실을 받아들이는 데 시간이 걸렸다. 남편이 취업을 했지만 나도 독일에서 육아 외에 할 수 있는 일이 있기를 바랐다. 당장 취업이 어렵다면 이 시점에서 할 수 있는 선택은 어학원 과정을 계속하던가 아니면 삶의 활력을 줄 수 있는 일을 찾는 거다. 독일어는 솔직히 필요성은 알지만 더 하고 싶지 않았다. 지금의 독일어 실력으로도 배울 수 있는 실용적인 무언가를 찾아 헤매고 있을 때였다.

독일인 친구 클라우디아는 같은 동네에 살아서 최소 일주일에 한 번은 만나 같이 산책도 하면서 일상을 나눈다. 독일어를 전혀 못 했을 땐 영어로 소통을 하다가 독일어로 점차적으로 전환하며 나의 독일어 실력 향상을 자연스럽게 도왔다. 그날은 6주간의 긴 여름 방학이 끝나고 난 후였다. 독일인 대부분이 여름휴가를 위해 나머지 시간을 열심히 일한다고 할 정도로 휴가를 길고 진하게 즐긴다. 클라우디아도 늘 그랬다. 각자의 여름휴가 이야기 끝에 발 마사지를 배워볼까 한다고 툭 말해버렸다. 무슨 도움이 될까, 고민하던 중이라 나도 모르게 나온 모양이다. 클라우디아는 놀란 표정을 짓더니 대뜸 "그걸 배우면 뭘 할 수 있는데?"라고 묻는다. 글쎄, 나도 잘 모른다. 발 마사지를 알게 된 건 뮌헨에 사는 한국인 엄마가 발 마사지를 배운다는 글을 브런치에서 읽으면서다. 그녀의 글에선 의지만 있으면 할 수 있을 것 같고 특별한 자격이 필요해 보이지 않았다.

나도 잘 몰라서 고민 중이라고 했더니만 발 마사지와 관련된 정보를 알려주면 자기가 좀 더 구체적으로 알아봐주겠단다. 클라우디아가 알아본 바로는 발 마사지 코스를 이수한 후 할 수 있는 일이 두 가지란다. 하나는 마사지 숍의 미용을 위한 마사지고, 다른 하나는 병원에서 하는 마사지다. 내 상담 심리 석사 졸업증이 혹시 독일에서 받아들여진다면 병원 쪽에서 일할 수 있을지도 모르겠단다. 하지만 이걸 배워서 특별히 대단한 일을 하게 될 거라는 기대는 하지 않았다. 다만 발 마사지를 배우면서 삶의 활력을 되찾고 익힌 기술로 가족에게라도 도움이 된다면 그걸

로 흡족하다는 마음이었다.

　매주 월요일 저녁 6시에 수업이 있었다. 하루 3시간의 수업에 5번만 참석하면 되니 과정 자체가 길진 않았다. 브레멘까지 왕복 거리를 생각하면 최소 5시간 이상이 소요된다. 남편이 다른 도시에서 일할 때라 아이를 맡길 사람이 없었다. 이제 큰아이가 열두 살이 되었으니 여덟 살인 동생을 데리고 저녁 한 끼 정도는 챙겨 먹을 수 있겠다 싶었다. 큰애는 첫째답게 엄마가 없을 땐 더 의젓하고 네 살터울의 동생을 살뜰하게 챙긴다. 그래도 클라우디아는 오누이만 저녁 시간에 있으면 걱정이라며 자기 전화번호를 비상 연락처로 남겨주었고, 그 시간에 주인 할아버지가 집에 계시는지도 체크해 주었다. 나보다 더 현실적인 문제들을 염려하고 챙긴 친구 덕분에 발 마사지 과정을 무사히 마칠 수 있었다.

　총 여덟 명의 여성이 수업에 참여했는데 절반은 간호사였다. 첫날은 기차가 연착되는 바람에 밤 11시에 귀가했다. 두 번째 수업부터는 엄청 편하게 집에 올 수 있었는데 가비라는 친구가 집까지 차로 태워주었기 때문이다. 총세 시간 수업 중에 한 시간 반은 이론을 듣고 나머지는 실습이다. 두 명이 짝을 지어 그날 배운 마사지를 교대로 해주는데 마침 그날 파트너가 간호사인 가비였다. 발이 나보다 차갑고 척추 부분을 만져주었을 때 뭉침이 있었다. 가비를 먼저 해주고 다음에 내가 받는데 마지막에 로션까지 부드럽게 발라주면서 엄청 꼼꼼하게 잘해주었다. 수업 끝날 시간이 가까워오니 난 기차 시간 때문에 마음이 급했다. 서두르는 내 모습을 본 선생이 어디 사냐고 물어서 슈바니베데에 산다고 하니 가비가 자기 집에서 멀지 않은 곳이니 차로 데려다줄 수 있단다. 차로 오니 삼십 분도 안 걸려 집에 도착했다. 기차 시간이 촉박할수록 불안한 마음이 가비 덕분에 싹 가셨고 오누이만 남겨둔 집에 빨리 돌아올 수 있어서 고마웠다.

발 마사지를 30분 하면 45유로(한화로 6만 원 정도)를 받을 수 있단다. 물론 내가 발 마사지로 돈을 번 건 단 한 번 남편에게서였다. 남편에겐 매번 해줄까? 만 한 백 번쯤 묻다가 처음으로 마사지를 해줬는데 양쪽 발가락 마사지를 마치고 척추 부분에 해당하는 발의 안쪽 옆면을 시작할 때 코를 골기 시작한다. 푹 자고 일어난 남편은 뭔지 모르겠지만 개운하게 피로가 풀리면서 돌봄 받는 느낌이 좋았단다. 그날 남편에겐 50유로를 받았다. 이러다 매번 마사지를 해달라고 하면 어쩌나 걱정도 잠깐 들었다.

다섯 번의 수업 실습에서 돌아가며 새로운 발을 만났지만 같은 발은 단 하나도 없었다. 남편보다 먼저 전체 과정을 실습한 건 독일어 개인 과외 선생인 도미닉이다. 발 마사지 이론 수업 후 의대 수업과 맞먹는 신체 부위의 어려운 독일어를 복습으로 진행해 준 분이다. 과정이 끝나면 제일 먼저 도미닉에게 마사지를 해주겠노라고 약속했다. 마사지를 받고 도미닉은 아픈 데가 싹 사라진 느낌이라며 진심으로 고마워했다. 독일어 수업 4번 중 하루는 발 마사지를 해준다. 독일어 수업을 무료로 받는 게 늘 마음에 걸렸는데 이렇게 갚는다. 발 마사지를 수료하고 취업은 못했지만 고마운 이들에게 보답할 기회는 얻었다.

시간을 되돌린다면 독일에 왔을까?

　　일흔이 넘으신 도미닉 쇼팽(Dominique, Chopin)은 나의 첫 독일어 선생님이다. 남자를 높여 부를 땐 성 앞에 헤어(Herr)를 붙인다. 처음엔 헤어 쇼팽(Herr Chopin)이라고 부르다가 친해진 이후엔 도미닉이라고 이름으로 부른다. 프랑스인 도미닉은 프랑스에서 만난 독일인 구드뤼(Güdrun)과 결혼해서 독일에 사신 지 30년이 넘으셨다. 마르고 작은 체구의 도미닉은 독일어나 프랑스어를 배우고 싶은 사람들을 무료로 가르쳐 주신다. 이 일을 시작하시기 전에는 요양원에서 요양사로 9년간 일하셨단다. 도미닉에게 꿈꾸는 직업이 뭐냐고 물었더니만 초등학교에서 아이들에게 독일어를 가르치시는 거란다. 저처럼 나이 많은 사람에게 독일어를 가르치셔서 어째요? 하니 손사래를 치며 유쾌하게 웃으신다.

책으로 둘러싸인 거실 겸 서재에서 독일어를 배우던 어느 날, 가장 좋아하는 작가를 물으니 카뮈란다. 프랑스 작가인 알베르 카뮈의 『이방인』을 인상 깊게 읽었던 터라 독일어로 이방인이 데어 프렘데(der Fremde)라는 사실은 알고 있었다. 나도 이방인(이히 빈 프렘데 Ich bin Fremde) 이라고 하니 선생도 침울한 표정을 지으면서 자신도 마찬 가지(이히 아우 Ich auch)라며 맞장구를 친다. 우린 서로 '이방인'이라는 공통 분모를 발견하고 헛헛하게 웃었다. 말 하지 않아도 이방인의 설움을 안다는 듯이.

2017년 11월부터 일주일에 한 번 쇼팽의 집에서 1시간 씩 개인 수업을 받았다. 언어에서 문법의 중요성을 늘 강 조하시면서 잘못된 발음은 될 때까지 끈질기게 교정해 주 셨다. 그의 깐깐함이 싫지 않았다. 칭찬은 인색하지만 꼼 꼼하게 가르치셨다. 2019년 12월 아침 수업 시간에 동네 카 페에서 그와 함께 아침을 먹었다. 예전부터 그의 가르침에 대한 답례로 밥을 한 끼 사고 싶었는데 이제야 받아주셨다. 먹구름이 짙게 드리워 어둑어둑한 날씨였지만 제법 크리스마스 분위기가 난다. 유럽의 성탄절은 11월부터 시작되어 12월엔 최고조에 이른다. 중심가엔 커다란 크리스마스 트리를 세우고 집집마다 현관문에 둥근 모양의 성탄절 장신구를 달아두고 창문마다 전구 불빛이 반짝인다. 마트엔 산타 할아버지 모양의 초콜릿, 따뜻하게 데워먹는 글뤼바인과 크리스마스 달력이 먼저 성탄절을 알린다. 카페는 만석이다. 공간이 바뀌어서일까. 그날은 개인적인 이야기도 스스럼없이 나눴다.

"유진, 만약 3년 전으로 돌아간다면 그래도 독일에 왔을 것 같아?"

갑자기 훅 들어온 질문에 선뜻 답하지 못했다.

"음, 글쎄… 어려운 질문이네요."

독일이 좋은 점을 많이 장착한 나라지만 내 입장에선 그리 만족스럽지만은 않았다. 독일어를 자유자재로 구사하지 못하니 유능감이 떨어졌다. 이곳에서 과연 내가 무슨 일을 할 수 있을까. 막막하고 두려웠다. 출근할 직장이 없을 땐 소속감의 부재로 불행했다. 관공서의 느린 일 처리는 답답했고 사전 예약 없이는 병원 진료나 은행 업무를 보기도 어려운 시스템이 때때로 숨이 막혔다. 하지만 자연 친화적인 환경으로 어딜 가나 울창한 숲이 있어서 숨 쉴 때 코에 걸리는 게 하나도 없는 맑은 공기는 좋다. 상대적으로 저렴한 생활 물가도 매력적이다. 삼겹살은 1kg에 10유로, 통밀빵은 750g에 4.3유로에 산다. 마트 안 베이커리 코너에서 사면 훨씬 저렴하게 살 수 있다. 게다가 여름이면 블루베리와 체리를 양껏 먹을 수 있다. 블루베리는 250g에 5유로, 체리는 100g에 0.99유로밖에 하지 않으니 가능한 일이다.

대학까지 교육비가 무료라는 것도 다행스럽고. 비싼 보험료를 낸 만큼 의료비 혜택은 폭넓다. 한국에선 사비를 들여 미래를 준비해야 한다면 독일은 높은 세금으로 대비한다. 소득 대비 세금의 비율은 부부가 맞벌이인지 외벌이인지의 여부와 자녀 수에 따라 다르다. 우리는 자녀 두 명에 남편이 한동안 외벌이여서 월급에서 대략 28%의 세금을 낸다. 나는 세금을 내지 않는 미니잡(주당 15시간 이내로 근무하는 비정규직 고용 형태를 말한다.)으로 일한다.

국가가 국민을 지켜준다는 믿음은 어디서 생기는지 모르지만, 확실히 안전에 대한 불안감은 한국보다 줄었다. 독일은 CCTV가 필요 없다는 우스갯소리가 있는데 어느 정도 일리가 있다. 독일 집들은 일조량이 적은 겨울에 대비하기 위해 대체적으로 창이 넓고 많다. 넓은 창으로 보면 밖에서 일어나는 일이 환히 보인다. 초등학교 4학년인 딸이 자전거를 타다가 도로 턱에 걸려 넘어졌는데 근처 사시는 할아버지가 즉각 나오셔서 괜찮냐고 물어보신 적도 있다. 우리 집 앞에 낯선 차가 서 있거나 손님이라도 오면 동네 사람들이 다 알고 아는 척을 하기도 한다. 주택가를 걷다가 누군가 나를 창문으로 지켜보고 있을 거라는 예감이 종종 드는데 그때마다 집 안에서 밖을 내다보시던 할머니 할아버지와 눈을 마주치고 깜짝 놀라곤 한다.

난 쇼팽의 질문이 어려워서 좀 더 시간이 필요하다면서 좋은 점과 별로인 점이 반반이라고 대답했다. 오누이가 적응을 잘 하고 좋은 친구들을 만나 즐거운 학교생활을 하니 나 말고 다른 가족 구성원 만족도는 최상이라고 여기지만 다들 각자의 고충은 있다. 이방인으로 오랫동안 독일에 산 쇼팽에게 되물었다.

"도미닉, 당신은 30년 전으로 돌아간다면 독일에 왔을 것 같아요?"

자신은 시간을 되돌린다면 프랑스에서 살았을 것 같단다. 모국이 무려 프랑스! 고향에서라면 직업적인 면에서 훨씬 유리했을 거라면서. 하긴 외국인에게 독일어를 무료로 가르치는 일 말고 훨씬 벌이가 좋은 일을 할 수 있으셨을 거다. 나도 그렇다. 식당에서 부엌일을 하는 것보다 나은 일을 할 수 있지 않았을까. 삼십 년 뒤 난 어떤 답을 하게 될까.

독일어 수업에서 이곳 독일에서의 삶의 만족도가 떨어지는 이유가 무엇인지 발견했다. 사랑(Liebe)-우정(Freundschaft)-가족(Familie)-직업(Beruf) 중에서 가장 중요한 순서대로 나열하고 이유를 말하는 시간이었다. 순위를 정하기 쉽지 않은 중요한 항목들이다. 만약 내가 미혼이었다면 직업이 가장 중요하다고 택했을 거다. 직업이 중요하다고 생각하는 이유는 어떤 한 사람이 선택하고 몰입한 직업은 그 사람을 형성하고 대변하기 때문이다. 좋아하고 잘하는 일을 오랫동안 하면서 살 수 있다면 그것도 근사한 삶이 아닐까. 그런 생각에 잠겨 있을 때 도미닉이 다시 물었다.

"만약 돈이 많아서 일하지 않아도 된다면?"

그래도 일을 하겠다고 답했다. 그게 꼭 수입과 직결되지 않더라도 누군가에게 도움 되는 일은 존재 의미와 자긍심을 높인다. 경력단절을 각오하면서 두 아이의 양육에 올인했고 다시 사회로 복귀하면 무슨 일이라도 마다하지 않겠다고 다짐했건만 펼쳐보지도 못하고 독일로 오게 되었다. 독일에 와선 가족의 적응을 돕느라 독일어를 배우는 시간이 부족했다. 직업적 성취를 중요하게 여기는 사람이라 당장 무슨 일이라도 해야 했다. 그나마 할 수 있는 일이 로컬 식당의 셰프 보조다. 독일어에 시간을 쏟아야 하는 게 가끔 억울하고 자주 괴롭지만 독일에 살면서도 좋아하는 일인 독서 모임과 글쓰기는 여전히 지속하는 중이다.

인생의 갈림길에서 하나를 선택하면 다른 하나는 늘 아쉬움이 남는다. 결혼 후 싱글의 자유로움은 늘 선망이고 아이를 간절히 원해서 낳고도 후회되는 순간은 있다. 더 나은 미래를 위해 고국을 떠나 독일에 사는 것도 아쉬움은 있다. 어떤 선택이든 백 퍼센트 완벽하게 만족하는 건 없지 않을까. 어떻게 살아야 하나 고민하는 사이 5년이 흘렀다. 그저 그 순간 깊이 고민해서 선택한 이상 아쉬움이 덜 남게 최선을 다하는 수밖에 없는 건가. 아니면 더 늦기 전에 선택을 되돌려야 하나.

어둡고 긴 유럽의 겨울을
환하게 보내는 방법

"유진, 크리스마스 과자를 구울 계획인데 나랑 우리 집에서 같이 만들래?"

"크리스마스 과자 만들기? 좋아. 난 뭘 준비해 가면 좋을까?"

11월 말쯤 한국에 있는 언니들이 모여서 김장을 한다는 소식을 들었다. 요리가 제일 쉽다는 둘째 언니는 보낼 수만 있다면 김장 김치를 택배로 보내고 싶단다. 겨울에 나는 제철 재료로 만들면 대충 담가도 김장 김치는 맛이 없을 수가 없다. 갓 담근 김치에 돼지고기를 삶아 남은 속 재료로 보쌈을 만들어 한 입 넣으면 얼마나 좋을까. 얘기만 들어도 입 안에 침이 고였다. 아는 맛이 무섭다던가. 한

통 얻어오면 한동안은 부자가 된 것 마냥 반찬 걱정 없을 텐데.

　아쉬운 마음을 알아챈 걸까. 같은 동네에 사는 클라우디아가 크리스마스 과자를 같이 만들자고 먼저 연락을 해 주었다. 이제 오십 대 중반에 접어든 그녀와는 남편이 브레멘의 국제 대학원을 다닐 때 우리 가족의 호스트 패밀리로 만났다. 미국에서 시작된 호스트 패밀리 제도는 유학생은 현지 적응에 도움을 받고, 호스트 입장에서는 외국 문화를 접할 수 있는 문화 교류 시스템이다. 지금은 장성한 남매를 둔 클라우디아는 신혼 시절 일본에서 2년이나 살았고 취미로 일본 전통 꽃꽂이인 이케바나를 배울 만큼 아시아 문화에 관심이 많다. 종종 서로를 집에 초대해서 식사를 함께하면서 우리는 독일을, 클라우디아 부부는 한국 문화를 접하며 꽤 친해졌다.

　그날 클라우디아는 세 종류의 과자를 만들자면서 레시피를 보여준다. 그녀가 오전에 미리 반죽해 발효시켜 둔 도우가 있었기에 시간을 절약할 수 있었다. 첫 번째는 슈바츠-바이스-게벡(Schwarz-Weiß-Gebäck 검정 흰색 도우), 카카오를 넣어 만든 검은 도우와 하얀 도우를 각각 밀대로 밀어서 두 개를 겹쳐 돌돌 말아 0.5cm 두께로 잘라서 굽는다. 두 번째는 단추 모양에서 유래한, 이름도 어려운 후스아렌크라펜(Husarenkrapfen)이란 과자인데 맛있는 만큼 품이 많이 든다. 도우를 가래떡처럼 길게 밀어서 손가락 한 마디 정도로 잘라 동글게 빚는다. 원통형 나무 숟가락 끝으로 살짝 눌러 가운데에 구멍을 낸 후, 그곳에 달걀노른자 물을 붓으로 바르고 설탕을 쿡! 찍은 뒤에 잼을 주입한다. 세 번째는 '크리스마스 과자' 하면 떠오르는 아우스슈테히켁세(Ausstechkekse)이다. 모양 틀로 찍고 오색찬란한 스프링클을 뿌려 굽기만 하면 되는 가장 쉬운 레시피다.

과자의 식감은 카카오가 들어간 검은색만 빼고 기본적으로 비슷한 맛의 부드럽고 촉촉한 고급스러운 수제 쿠키다. 도우 위에 설탕을 찍고 잼을 올리거나 데코레이션으로 뭘 하느냐에 따라 조금씩 다른 맛을 낸다. 친언니처럼 다정한 클라우디아는 쿠키를 만들 때도 베이킹 초보자인 내가 불편하지 않게 살피고 하나하나 친절하게 설명해 준다. 집으로 돌아갈 땐 가족이 충분히 먹을 양의 크리스마스 과자를 종류별로 싸주었다.

12월이 되기 전에 독일 초등학교에서도 반마다 돌아가며 요리실에서 과자를 만든다. 오누이 반에서도 각각 시간 되는 엄마들이 참여해서 반 친구들이 크리스마스 때까지 매일 하나씩 먹을 수 있을 만큼 충분한 양의 과자를 구웠다. 크리스마스 달력(Adventskalender 어드벤츠칼렌더)이라는 것도 있는데 12월 1일부터 24일까지 하루하루 날짜를 열면 선물이 들어 있는 달력이다. 정확히 말하면 대림절(Advent 어드벤트) 달력으로 대림절은 성탄절 되기 전, 4주 동안 예수의 탄생을 기다리는 기간을 가리킨다. 아이들에겐 성탄절을 손꼽아 기다리는 동안 지루하지 않게, 설레는 마음을 배가시키는 의식이다. 집에선 아침마다 달력 안에 든 선물을 확인하고 학교에선 쿠키를 먹으며 유럽의 최대 명절인 크리스마스를 맞는다.

딸의 초등학교 1학년 성탄절엔 각자 집에서 양말 한

짝씩을 가져와서 그 안에 선물을 넣고 번호표를 붙여 교실 창가에 매달아뒀다. 선물을 넣으니 쭈욱 늘어난 양말이 모여 개성 넘치는 선물 꾸러미가 완성됐다. 하나도 같은 양말이 없어서 헷갈릴 염려가 없었다. 양말에 붙은 날짜가 바로 양말 주인이 선물을 받는 날이다. 딸은 자신의 양말에서 산타 할아버지 모양의 초콜릿과 클레이 지우개를 받았다. 양말을 활용한 크리스마스 달력, 빛나는 아이디어다.

오후 두 시에 클라우디아 집에 갔지만 둘이서 도란도란 이야기를 나누며 과자를 만들어 오븐에 넣고 빼기를 몇 번 했더니 창밖은 벌써 밤이다. 서머타임으로 늦춰진 시간을 다시 되돌린 게 무색하리만치 유럽의 기나긴 겨울이 성큼성큼 다가오고 있다. 그래도 상냥하고 친절한 친구와 함께라 덜 외롭다. 게다가 이렇게 예쁘고 맛있는 과자도 듬뿍 구웠으니 김장 날 먹는 보쌈만은 못하겠지만 오븐에서 갓 구워진 과자와 차 한 잔도 은근 매력이다. 회색 하늘에 마음이 무너지지 않으려면 예쁘고 환한 것들이 많이 필요한데 그중 하나가 크리스마스 과자다. 직접 만들면 몸은 힘들지만 오븐 열기에 달아오른 부엌 공기는 따뜻하고, 바

삭하게 구워져 나온 과자는 보기에도 먹음직스럽다. 한 통 가득 담아두면 뿌듯하고.

크리스마스 마켓(Weihnachtsmarkt 바히나흐츠마크트)은 칠흑 같은 어둠을 화려한 불빛으로 밝히는 낭만이 가득한, 겨울의 가장 큰 볼거리 중 하나다. 굵은소금이 붙은 갈색 빵 브뤼첼(Brezel)과 따뜻한 와인(Glühwein 글뤼바인)을 마시며 왁자지껄한 분위기를 즐긴다. 창문마다 걸리는 별 모양 전구와 진짜 나무로 만든 크리스마스트리 그리고 원형 모양에 네 개의 초를 얹어 만든 대림절 초인 어드벤츠크란츠(Adventskranz)를 준비한다. 성탄절 시작 전 첫 주일에 한 개의 초에 불을 밝히고, 매주 하나의 초를 더해 마지막 주엔 네 개의 초 모두에 불을 붙이며 성탄절을 기다린다. 네 개의 대림절 초와 크리스마스 달력 그리고 버터 향기 가득한 직접 만든 과자는 어둡고 긴 유럽의 겨울을 견디는 달콤한 위로다.

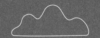

독일에서의 수영 교육은 얼마나 빠르게 멀리 갈 수 있는 지를 가르치지 않는다. 물속에서 나를 보호할 수 있고 타인을 구할 수 있는 능력을 갖추는 것을 목적으로 한 다.

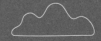

PART 2

남들이 어떻게 보든 살아남는 것이 먼저고, 살리는 것이 중요하다. 독일에서는 어린 나이에 스스로를 구할 최소한의 능력은 갖추도록 교육한다.

당신의 아이를 잘 지켜보겠노라는 말
(독일 유치원 적응기)

　둘째 아이인 재인이는 첫 한 달간 하루도 빠지지 않고 엄마 얼굴을 그려왔다. 독일 유치원에 가기 전엔 멋도 모르고 신나 했지만 하루 만에 말이 통하지 않는 이상한 나라라는 걸 알아차리고 두려움에 질려 울었다. 아이가 적응할 수 있도록 우는 아이를 억지로 떼어놓을 수밖에 없었다. 한국이었다면 겪지 않아도 될 일을 겪는다고 생각하니 남편이 원망스러웠다. 큰 울음은 이틀 만에 멈췄지만 새어 나오는 눈물을 꾹꾹 눌러 참는 게 보여서 안쓰러웠다.

　뵙스베데(Worpswede) 유치원은 집에서 걸어서 5분 거리에 있다. 독일에서는 노란색 유치원 버스를 볼 수 없다. 부모님이 각자 알아서 등하교를 시켜야 한다. 시작하는 시간에 맞추어 아이를 데려다주고 끝나는 시간에 아이를 데리러 간다. 한국에서도 남매의 유치원을 선택할 때 가장 중요한 조건은 걸어서 갈 수 있는 가까운 곳이었다. 어린아이들이 인솔 교사 한 명과 함께 버스에 타고 유치원을 오고 가는 풍경이 늘 불안했기 때문이다. 둘째 아이가 자연 친화적이고 프로그램이 좋지만 거리가 먼 유치원을 한국에서 잠깐 다닌 적이 있었는데 그때도 내가 직접 자동차로 등하교를 시키다가 집 앞의 공립 유치원에 자리가 나면서 바로 옮겼다.

집을 나와 아이 손을 잡고 주택가의 골목을 따라 유치원까지 걸어가면 겉으로 보기엔 평범한 독일식 가정집처럼 보인다. 건물을 통과해 안쪽으로 들어가면 아름드리나무가 있는 작은 숲속에 모래 놀이터와 빨간색 미끄럼틀과 원목으로 만든 시소 그리고 아이들이 좋아하는 작은 오두막집까지 숨어 있다. 재인이는 60대 여성인 잉겔(Ingel)과 30대 남자 다니엘(Daniel)이 담임 선생님으로 있는 무지개 반에 들어갔다. 한 반 정원은 열다섯 명으로 네 살부터 여섯 살까지 다양한 연령으로 반을 구성하는 게 한국과는 달랐다. 선생님들의 복장도 자유로운 편이라 한여름에는 반바지와 운동화 차림으로 언제라도 바닥에 널브러져 놀 수 있는 편한 차림이었다.

무더운 여름엔 다니엘이 2층 테라스에서 고무호스로 나무에 물을 뿌리고 꼬맹이들은 옆에서 물장난을 친다. 그날 친구들은 모두 팬티만 입고 놀았는데 딸은 부끄러워서 그러지 못했단다. 어느 날은 나무에 망치로 못을 박는 목공을 하고 호두 껍질에 물감을 칠해 끈으로 다리를 붙여서 거미를 만든다. 딱딱하게 말린 옥수수에 털실을 붙여서 인형을 탄생시키는 등 자연 친화적인 재료를 아이들 수업에서 최대한 활용하는 게 돋보인다.

교실로 들어가기 전 복도엔 겉옷과 도시락 가방을 걸어둘 옷걸이가 있고 그 위엔 소지품 놓을 공간이 마련되어 있다. 벽면엔 아이들 이름이 적힌 사진이 있어서 쉽게 누구 자리인지 알 수 있게 해두었다. 사진이 붙은 사물함 중간 부분에 안내문을 자석으로 붙여두면 부모가 수시로 확인하니 직접 선생님을 만날 일은 드물다. 딸이 한국에서 유치원에 다닐 때, 늘 원장님이나 선생님이 문 앞에서 맞아주던 풍경과는 사뭇 다르다.

등원 둘째 날 아침, 엄마와 헤어진 후에 경험한 낯섦이 얼마나 두려웠던 걸까. 아이는 훌쩍이는 정도가 아니라 유치원이 떠나가도록 서럽게 울었다. 아이가 울부짖는 모습을 보면 아무리 마음이 메마른 이라도 눈물이 나게 마련이다. 다니엘도 눈가가 붉어졌지만 그 순간엔 도움을 주거나 제스처를 취하지 않았다. 아마 그것이 이곳의 방식이리라. 다니엘의 무위는 매정함이 아닌 아이가 홀로 설 수 있도록 기다려 주는 인내의 무위임을 그의 눈빛에서 느낄 수 있었다. 그날 이후에도 다니엘은 서툰 영어로 어떻게든 소통하려 애썼고 자신의 할 일에 충실했다. 언어적 어려움이 가장 컸던 첫 6개월 동안 고비는 몇 번이나 있었다. 그럴 때마다 다니엘이 조금씩 나아지고 있다고 부드럽지만 단호하게 말해주었기에 버틸 수 있었다.

장난꾸러기는 어디에나 있는 건가. 남자아이가 자꾸 때리고 도망친다면서 억울해한 날도 많았다. 딸은 말을 못해서 상황을 설명할 수 없어 답답해했다. 다른 친구들이 선생님께 대신 말해주기도 했지만 이유 없이 공격당하는데 언어의 장벽 때문에 스스로 해결하지 못하니 속상하다. 아이의 속상함이 엄마인 내게 고스란히 전이되어 다니엘에게 호소했더니 내가 당신의 아이를 잘 지켜보겠노라고 말해주었다. 그 이후 선생님이 한시도 눈을 떼지 않아서 아이가 불편하다고 할 정도로 재인이를 지켜봐 주었다. 다정하지만 믿음직한 눈빛이었다.

아이는 집에서는 "휘어 아우프 Hör auf!(그만 해!)" "게벡 Geh weg!(저리 가!)" 등 자신을 보호하는 데 도움이 되는 독일어를 연습했다. 처음 이곳에 자리 잡았을 때 내게 독일어를 가르쳐 주었던 한나에게 "우리 아이 잘 부탁해요."가 독일어로 뭐냐고 물었다. 한국에서 입버릇처럼 아무 생각 없이 썼던 이 말은 선생님을 못 믿어서 하는 말이라기보다는 내 아이를 잘 보살펴달라는 부모의 걱정 섞인 입말이다. 외국인이라는 특수 상황인 만큼 내 마음 편하자고 당부라도 하고 싶었나 보다. 한나는 선생님이 아이를 잘 보살피는 건 너무나 당연한 일이라 그렇게 말하는 것은 오히려 실례라고 해서 안심했다.

아이가 어느 날 "독일 유치원 재미없어. 가고 싶지 않아."라고 담담하게 선언했다. 이유를 물으니 말도 안 통하고 친구도 없어서 세 시간 동안 혼자 퍼즐만 맞췄단다. 3시간이라는 숫자는 아이의 체감상 그만큼 오랫동안 혼자 퍼즐을 했다는 걸 거다. 독일 유치원은 자율시간이 많이 주어지는 편이다. 획일적으로 뭔가를 함께 하는 날이 오히려 드물고 특별한 일정이 없는 날이 많다. 자율은 자유가 주어졌을 때 스스로 뭔가를 하는 힘인데 자율이 갑자기 주어지면 어른이든 아이든 감당하기 어렵다. 아이가 뭔가를 요청하지 않는 이상 선생님도 크게 개입하지 않으니 이상하고 심심한 모양이다.

처음엔 기존의 아이들끼리 이미 친해진 상태여서 그런지 딸을 잘 끼워주지 않았다. 다른 애들이 하는 방식으로 '같이 놀자'라는 표시로 엄지손가락을 치켜세우며 "우리 친구 할까?" 했는데 "부(buh)"라며 엄지손가락을 뒤집어서 거절한다. 아이는 겨우 용기를 내서 엄지를 들어 놀자고 했는데 자꾸 거절을 당하고 오니 기분이 상한다. 독일 아이들은 어릴 때부터 이렇게 거절을 배우는 건가. 친구가 놀자는데 대놓고 "싫어"라고 대수롭지 않게 말한다니, 좀 당황스러웠다. 초반엔 말이 잘 통하지 않으니 다른 아이 입장에서 오랫동안 놀기에 분명 한계가 있다. 아이들의 세계에서는 때로는 특별한 말없이도 잘 놀겠지만 그래도 언어는 중요하다. 그때도 다니엘에게 도움을 청했다.

"언어적 어려움으로 시간이 필요한 것도 안다. 재인이는 늘 단짝 친구가 있었고 친구와 노는 걸 굉장히 좋아한다. 친구랑 놀고 싶은데 거절당하니 속상해서 유치원에 가기 싫어한다. 친구와 놀 수 있는 좋은 방법이 없을까?"

세 시간 동안 퍼즐만 했다는 날, 그 이야기의 맥락은 친구와 놀고 싶은데 그러지 못해서 슬프다는 뜻이라는 걸 파악했다. 말이 통하지 않으니 길게 노는 게 어렵겠지만 선생님의 도움이 필요하다고 했을 때도 다니엘은 똑같이 말했다. 내가 당신의 딸을 더 잘 지켜보겠노라고. 딸의 어려움에 공감하며 알려줘서 고맙다고 했다. 곧바로 다른 반 여자아이와 함께 놀 수 있도록 조치를 취해주었다.

아이의 적응 과정에서 선생님을 믿고 불편한 점은 적극적으로 상의했더니 적절한 도움을 받을 수 있었다. 한 학기가 끝나고 부모 상담에서 딸이 '거절'이란 걸 하게 됐다는 기쁜 소식을 들었다. 아이는 '야' Ja(예)만 아니라 '나인' Nein(아니오)를 말할 수 있는 사람이 되었다. 필요할 때 거절하는 것은 잘못된 일이 아니고 혹시라도 거절당해도 기분 나빠할 필요가 없다는 걸 유치원에서부터 배웠다.

다섯 살이라는 나이와 한국에서 처음 유치원 갈 적에 엄마와 충분한 공생기를 보낸 후, 어려움 없이 떨어진 경험과 애착의 힘을 믿었다. 아침마다 떨어지지 않는 발길을 서로 다른 방향으로 옮기면서 새로운 환경에서 겪는 진통이니 어서 지나가길 바랐다. 유치원 창가에 매달려서 하염없이 손을 흔드는 모습을 외면하고 뒤돌아 눈물을 삼켰다. 엄마가 보고 싶어서 자기 목에 둘러준 스카프에서 엄마 냄새를 쿵쿵 맡으며 참았다고 했을 때는 코끝이 찡했다. 잘 견딘 아이가 기특하고 고맙다.

환경만 낯선 게 아니라 언어까지 생경한 곳에서 친구를 사귀고 새로운 문화를 익히느라 힘들었지만, 덕분에 부쩍 자랐다. 나와 다른 말을 하는 친구와 노는 방법을 배웠을 뿐 아니라 두려움을 견디고 짧은 시간 안에 어려운 독일어를 익혔다. 낯선 환경을 이겨내는 방법을 몸소 체험한 셈이다. 집에선 부모가, 유치원에선 선생님이, 아이는 아이로서, 각자의 역할을 충실히 하며 훌륭한 팀워크를 발휘했다. 시간이 지나니 졸리나라는 단짝 친구도 생겼다. 졸업식 날 선물로 받은 앨범엔 1년간 아이의 적응사가 담겼는데 침울했던 표정이 점점 밝아지는 게 파노라마처럼 펼쳐진다. 마치 꽃이 피어나듯이 환해지는 아이의 눈부신 얼굴에 그제야 마음이 놓인다.

오랫동안 기억될 사람, 프라우 웨버만
(독일 초등학교 적응기)

오랫동안 기억되는 사람은 어떤 사람일까? 자신이 맡은 일을 묵묵히 해내는 모습에 더해서 가끔은 그 이상의 일을 아무 대가 없이 하는 사람이 기억에 오래 남는다. 때로는 의무감만으로 주어진 일을 해내기도 버겁기 때문이다. 첫째 아이의 3학년 담임선생님이셨던 프라우 웨버만(Frau Oevermann)이라는 이름을 잊지 못한다. 아이는 졸업한 지 4년이 지난 2021년 성탄절에 선생님께 카드를 써서 감사를 전했다. 김나지움 8학년에 재학 중이며 여전히 좋은 성적을 받고 멋진 친구들을 사귀며 학교를 잘 다니고 있다는 소식에 그녀는 자기 일처럼 기뻐하셨다.

선생님은 만날 때마다 구텐 모르겐(Guten Morgen)

인사를 건네며 정중히 악수를 청한다. 큰 눈과 도드라진 광대뼈 그리고 옅은 갈색의 짧은 곱슬머리와 당당한 걸음걸이에 금방 압도된다. 전형적인 독일인이다. 어떤 모습에서 전형적이라는 말을 떠올렸는지 모르겠지만, 본인도 그리 말씀하셨다. 1년에 한 번 있는 학부모와의 상담 시간엔 영어가 유창한 제자를 대동한다. 자신은 독일식 사고를 하는 사람이라 좀 더 정확한 소통을 위해 통역을 부탁했노라고. 선생님을 보면 강하고 빠른 악센트의 독일어가 유독 잘 어울린다.

독일에서 살 집이 정해진 후, 가까운 곳의 초등학교가 배정됐다. 첫째 아이 용호는 한국에서 초등학교 3학년 1학기를 마친 상태였지만 독일에서는 새 학기가 여름에 시작하는 터라 혼란스러워했다. 그뿐일까. 독일로 이주가 결정됐을 때 가장 저항이 컸던 아이다. 다섯 살부터 쭉 같은 아파트에 살면서 5년간 단짝인 영윤이와 초등학교에서 친해진 준희와 재윤이까지, 오후 세 시면 놀이터에서 만나 해질 때까지 일 년에 360일은 실컷 놀았다. 친구가 좋아 죽고 학교에서 배우는 모든 것들이 마냥 즐겁던 아이는 왜 자신은 원하지 않는데 독일로 가는지 모르겠다고, 한국에서 살고 싶다고 울었다.

한국에서 아파트 단지 내 아이들끼리 우르르 몰려다니며 시끌벅적했던 분위기와 사뭇 다르게 한동안 친구 한 명 없었으니 학교에서는 물론 집을 오가는 길마저 외로웠다. 모두 다 띄엄띄엄 떨어진 주택에 사니 같은 방향으로 오는 친구도 없고, 있다고 해도 아이들 대부분이 자전거를 타고 다니는지라 함께 올 수 없었다. 입학하고 두 달이 지나서야 도착한 이삿짐 때문에 자전거가 없어서 20분이나 걸리는 낯선 거리를 걸어 다녔다. 게다가 말 한마디 통하지 않으니 오죽 답답했을까. 밝고 명랑하던 아이가 일순간에 기가 죽어 버렸다. 아이 인생에 처음으로 닥쳤을 위기다.

어떻게든 독일 학교에 적응하려고 애쓰는 아이를 조마조마한 마음으로 지켜보고 있었는데 아니나 다를까. 갑자기 학교에 가지 않겠단다. 그렇게 좋아했던 학교에 가지 않겠다니! 힘들겠지만 조금만 참고 견뎌보자고 아이를 달래보았지만 결국 무단결석을 하고 말았다. 담임 선생님으로부터 전화가 왔는데, 독일에선 이유 없이 학교에 오지 않는 일은 허용되지 않는단다. 아프지 않은 이상 결석은 용납되지 않는다. 성수기를 피하려고 여름 방학 전에 미리 여행을 떠나는 경우를 예상하고 공항에 경찰들이 포진한다는 얘기도 들었다. 원칙에 엄격한 독일에서는 학생들에게도 예외는 없다.

낯선 환경에 적응하는 것을 염려해서 한국에서부터 프라우 웨버만과 메일을 몇 번 주고받았는데 무척 친절했다. 단체로 찍은 반 친구들의 사진을 첨부하면서 모두가 용호를 기대하며 기다린다는 답변을 주셨다. 무단결석 이후, 적응 과정에서 어쩔 수 없이 일어나는 진통은 시간이 걸리는 부분이라는 것과 부모와 선생 그리고 아이가 함께 노력하면 나아질 수 있다는 걸 인식시켜 주셨다. 시간이 흐르면 분명 나아질 것이라는 흔들림 없는 태도에 신뢰가 갔다.

선생님은 곧바로 행동을 취해주셨다. 독일어 개인 과외 선생님을 소개해 주셔서 하루에 두 시간씩 독일어를 집

중적으로 배울 수 있도록 해주었고 영어가 가능한 같은 반 아이 킴에게 우리 아이를 챙겨주라고 따로 부탁을 해주셨다. 킴에게 부탁했다는 사실은 3학년이 끝날 무렵에야 알았다. 킴은 우리가 슈바니베데에서 3시간이 걸리는 슈토프로 이사 온 이후에도 연락을 주고받고 방학 때마다 서로의 집을 오가는 단짝 친구가 되었다.

3학년에 전학을 와서 2년간 초등학교를 다닌 아이는, 선생님이 화내는 모습을 보지 못했고 큰 소리 한 번 내지 않는데도 반 아이들이 말을 잘 듣는다며 놀라워했다. 독일에서는 성적이 시험으로만 결정되지 않는다. 수업 태도와 준비 과정 그리고 참여도가 포함된 점수를 매 수업 시간마다 선생님이 체크한다. 초등학교에서는 태도의 비중이 70%로 오히려 시험 점수보다 높다. 독일어와 수학 과목을 담당하신 프라우 웨버만은 수업 시간에 집중력이 높고 모르는 건 질문하고 필기하는 아이의 태도를 칭찬하시면서 태도 점수에 1등급을 주셨다.

학부모인 나에게도 한국에 관심이 많은 제자인 한나

를 소개해 주셨다. 한나는 아비투어(Abitur 대입 시험)를 통과했지만 특별히 하고 싶은 공부가 없어서 대학에 진학하지 않고 서점에서 일하는 친구다. 지금은 함부르크 소재의 호텔에서 일하고 있다. 공부보다는 돈을 벌어서 다양한 나라를 여행하는 데 관심이 많다. 한국 예능을 즐겨보며 드라마 도깨비를 특히 좋아한다. 가수 엑소의 팬이다. 드라마에서 왜 연인을 이름으로 부르지 않고 '오빠'라고 부르는지, 식당에서 여자 종업원에게 '언니'라는 호칭을 쓰는지 궁금해했다. 일주일에 한 번씩 한나를 만나면서 독일어 기초도 배우고 독일에 대해서 궁금한 점도 물을 수 있었다.

매년 6백만 명 이상의 학생들이 참가하는 세계 최대 규모의 캥거루 수학 경시 대회 신청서를 받았을 때도 독일어 해석이 어려워서 신청하지 못했는데 선생님은 영어로 쓴 쪽지를 따로 보내셨다. 수학을 유독 잘하는 아이가 이 대회에 나가면 좋겠다는 내용이었다. 선생님 덕분에 아슬아슬하게 대회에 참가할 수 있었다. 게다가 영어 시험지와 독일어 시험지 두 개를 받아 시험을 볼 수 있게 준비해 주셨고 보조 선생님의 도움까지 받도록 챙겨 주셨다. 선생님 덕분에 학교에서뿐 아니라 니더작센주(독일은 16개의 연방주로 구성되어 있다.) 전체에서도 좋은 성적을 받을 수 있었다.

그뿐 아니었다. 수학 수업 시간에 문제를 가장 먼저 끝내는 아이를 위해 사비로 교재까지 사주셨다. 모든 선생님이 이렇게 친절하고 세심하진 않을 거다. 프라우 웨버만은 담임 선생님 이상의 역할을 해주셨다. 겉으로 보기에는 무뚝뚝해 보이고 차가워 보이는 인상이지만 가슴에는 따뜻한 배려가 깃든 분이었다.

아이가 졸업할 무렵이 되자 학부모인 나를 위해 독일어 수업이 가능한 가까운 기관의 리스트를 따로 챙겨주시기도 했다. 아이를 돕는 일은 선생의 일이지만 아이의 엄마까지는 챙길 필요는 없었을 거다. 다정한 배려는 흔하지 않기에 소중한 기억으로 남는다. 오랫동안 기억되는 이유다. 대부분의 행운은 사람을 통해 온다더니 외국인 가정이 독일에 정착하도록 여러모로 마음을 쓴 선생님 덕분에 독일인에 대한 이미지가 핑크빛으로 물들었다.

내 아이가 김나지움이라니!

    독일에서 초등 3학년부터 다니기 시작한 아이는 초반엔 부모의 마음을 자주 조마조마하게 만들었지만 결국 낯선 환경에 무사히 적응했다. 학교를 다닌 지 1년 반쯤 됐을까. 아이는 독일에서 학교를 다닐 수 있어서 행복하다고 했다. 학교 가는 게 매일 놀러 가는 기분이란다. 뭐가 좋은지 딱 집어 말할 수는 없지만 환경적인 면이 좋단다. 공부가 이렇게 재미있는 줄 몰랐단다. 어떨 때는 쉬는 시간이 아까울 정도로 공부가 재미있단다. 제일 좋아하는 수학은 45분 수업 시간이 4, 5초처럼 빨리 지나가 버리고 독일어 수업에선 선생님만 보일 정도로 집중이 잘 된단다. 사진으로 찍으면 딱 그 장면만 보이는 것처럼 주변 소음은 다 제거되고 선생님 말씀만 들리는 기이한 경험을 한다고 말했다.

독일 학교에 다녀보니 많은 부분이 한국과 다르다. 한 반의 학생 수가 적고 선생님은 두 분이 담임이시다. 수업이 선생님의 일방적인 가르침으로 진행되지 않는다. 하나를 배우더라도 오랜 시간을 들여 꼼꼼히 배우니 머릿속에 확실히 남는다. 예를 들면 수학을 배울 때 선생님이 설명하시기 전에 아이들의 생각을 물으시고 문제를 풀 때 한 가지 방식만 있지 않다는 걸 가르쳐 준다. 기본적으로 경쟁보단 연대나 협동의 느낌이랄까. 선생님도 친구들도 잘하는 부분이 있으면 아낌없이 칭찬해 주고 어려움에 처하면 서로 돕는다.

방학과 금요일엔 무조건 숙제가 없고, 음악실과 요리실뿐 아니라 스포츠 홀이 따로 있어서 더운 여름에도 쾌적한 환경에서 운동을 즐길 수 있다. 1교시가 시작되는 시간이 7시 45분, 이른 편이지만 수업도 일찍 끝난다. 따로 학원도 다니지 않으니 정서적으로나 시간적으로 여유롭다. 한국에선 친구들이 학원 다니느라 학년이 올라갈수록 놀 시간이 부족하다던데 이곳에선 그렇지 않다.

4년제인 초등학교(Grundschule 그룬트슐레) 졸업 후, 상급 학교로 진학할 때 세 곳 중 하나를 선택할 수 있다. 하웁트슐레 Hauptschule(5학년~9학년)는 5년 과정으로 상업 분야의 직업을 준비하는 기초 과정이고 레알슐레 Realschule(5학년~10학년)는 6년 과정으로 좀 더 폭넓은 교육을 제공해 상업이나 공공 분야의 직업을 준비하는 실업 학교다. 공부가 적성에 맞는 경우에는 김나지움 Gymnasium(5학년~13학년)으로 가는데 졸업하기까지 9년(기간이 8년인 연방주도 있다)이 걸린다. 김나지움으로 진학하려면 초등학교 성적 평균이 3등급 이상이어야 하지만 직업 학교에 가더라도 공부에 뜻이 있으면 언제라도 변경이 가능하다.

　　4학년 1학기가 끝나고 부모 상담에서 어느 학교로 갈지 결정할 때 담임 선생님은 아이가 성적에서 최고 점수인 A를 받았다면서 아이가 받은 성적은 학교 역사를 봐도 손에 꼽힐 정도로 드문 일이라며 축하해 주셨다. 반에서뿐 아니라 학교에서 1등을 한 거다. 성적표엔 이렇게 적혀 있었다. "모르는 것은 그때그때 질문할 뿐 아니라 수업하면서 수시로 필기를 하며 새로운 것을 잘 받아들이고 모든 과목에서 능통하다." 독일에 온 지 1년 반의 어려운 적응기를 견디고 얻어낸 좋은 성과와 평가라 아이에게 고맙고 부모로선 자랑스러웠다.

김나지움으로 진학할 때 세 과목을 중점적으로 본다. 수학과 영어는 1등급이지만 독일어가 3등급인데 그래도 괜찮은지 물었다. 나머지 과목을 월등히 잘하고 1년 반 만에 독일어를 3등급 받을 정도면 공부를 잘하는 아이니 아무 문제 없단다. 독일 아이들도 3등급인 경우가 대부분이라면서 걱정하지 않아도 된다고 하셨다. 언어가 해결되니 아이는 일사천리로 진도를 따라잡을 뿐 아니라 심지어 독일어까지 반에서 상위권이다. 물론 이렇게 되기까지 선생님의 세심한 배려와 아이의 부단한 노력이 있었으리라.

5학년부터 김나지움을 시작해서 13학년에 아비투어(Abitur 대입 시험)를 치른다. 아비투어 성적에 따라 자신이 원하는 학과와 대학을 선택할 수 있다. 물론 독일 대학은 평준화되어 있기 때문에 어느 대학이 더 좋고 나쁘고는 없지만 의사나 변호사처럼 성적이 좋아야 갈 수 있는 학과는 당연히 있다. 학비도 거의 무료인데 대학 진학률이 2021년 기준으로 55.8% 밖에 되지 않는다는 건 그만큼 학문을 닦는 과정이 쉽지 않고 대학 졸업장을 따기도 어렵기 때문이다. 공부가 적성에 맞고 본인이 원한다면 말릴 생각은 없다. 자신이 좋아하는 것이 무엇인지 찾는다면 꼭 대학으로 진학하지 않더라도 상관없다. 아이가 자신이 좋아하고 잘할 수 있는 일이 무엇인지 찾아서 즐겁게 살아가길 바란다. 아이가 선택한 길이 어떤 일이든 우린 응원할 따름이다.

독일 학교는 뭐가 다를까

한국 대표 선수라고 믿는 만큼 학부모 면담 시간에 칭찬만 듬뿍 들으니 부모로서 어깨가 으쓱하다. 남매가 학교 만족도가 높고 성적이 좋은 이유는 시험을 잘 봐서만은 아니고 수업 참여도가 높아서다. 수업 참여도엔 교과서와 노트 필기도구는 기본이고 수업에 필요한 준비물을 얼마나 살뜰하게 챙기는지, 선생님의 질문에 손을 들고 발표하는지, 능동적인 자세와 바른 태도까지 포함이다. 초등학교까지는 수업 태도와 시험의 비율이 7 대 3이다. 물론 김나지움이 시작되는 5학년부터는 6 대 4로 바뀌지만 주요 과목인 독일어, 수학, 영어의 경우에도 시험 성적의 비중은 최대 50%를 넘기지 않으며 그 외의 과목은 수업 태도의 비중이 70%로 시험보다 크다.

수업 참여도가 높으면 그만큼 집중하게 된다. 수업 태도가 좋은 아이는 시험을 잘 볼 수밖에 없고 태도 점수가 중요하니 성적도 덩달아 오르게 되어 있다. 수업 시간에 손을 들고 발표하는 멜둥(Meldung)이 중요한데 아무래도 내향인 기질보다는 외향형인 아이에게 유리하다. 남매 둘 다 밝고 적극적인 성격이라 독일 학교 시스템에 적응하기 유리했다. 시험으로 성적을 결정하는 게 아니라 수업의 태도, 참여 및 준비물 등을 선생이 매시간 체크하니 선생의 권위는 저절로 높을 수밖에 없다. 상식에 어긋나는 행동으로 수업 분위기를 흐리거나 경고를 받아도 고쳐지지 않는 무례한 행동을 했을 시엔 부모님을 호출해 바로 집으로 쫓아낸다. 독일 학교에서는 아직 교육자의 권위가 견고하다.

　　오누이는 학업 스트레스가 거의 없어 보인다. 현재 남매가 다니는 김나지움에서는 하루에 한 과목 이상 시험을 보는 것을 교칙으로 금지하고 있다. 시험 기간이 분산되어 있어서 아이들이 비교적 여유롭게 시험을 준비할 수 있다. 수험생이 되면 유명무실해지는 한국의 체육 시간과 달리 독일에서는 고학년이 되어도 스포츠를 중요하게 여긴다.

첫째 아이는 학기마다 유도, 체조, 야구, 미식축구 등의 다양한 수업에 즐겁게 참여했다. 초등학교에서도 중요한 비중을 차지했던 수영도 6학년과 8학년 1학기 때 다시 했다. 아이들 대부분이 즐기는 스포츠 하나씩은 있어서 꾸준히 이어 나간다. 첫째 아이는 클라이밍을 둘째 아이는 핸드볼을 몇 년째 하고 있다. 대입 시험인 아비투어에서도 스포츠 과목은 주요 과목인 독일어 영어 수학과 동등한 비중을 차지한다. 이러한 문화가 개개인의 건강한 삶을 영위해 나가는 데에도 도움이 될 테니 무척 바람직하다고 생각한다.

모든 과목에서 서술형 문제가 압도적이라는 것도 마음에 든다. 독일어는 말할 것도 없고 음악이나 미술 같은 예체능 과목에도 반드시 서술형 문제가 포함된다. 논리적으로 자신의 생각을 풀어나갈 수 있는 쓰기를 꾸준히 훈련시킨다. 그러니 아이들은 자신의 감정을 표현하는데 망설임이 없어지고 의견을 제시하는 데도 익숙해진다. 단순히 지식만 외우는 기계로 만드는 것이 아니라 제대로 생각하는 힘을 키워내는 과정이다.

게다가 방학이 자주 있다. 독일은 기독교 국가라 교회 행사와 같은 일정으로 휴일과 방학이 정해진다. 겨울엔 성탄절, 봄엔 부활절 방학으로 각각 2주를 쉰다. 가을엔 추수감사절 방학이 2주가 있다. 여름방학만 교회 일정과 상관없이 6주를 쉰다. 1년 52주 중에 방학만 총 12주니 주말과 공휴일을 빼면 실제로 학교에 가는 날은 40주도 되지 않는다.

독일 교육에서 제일 마음에 드는 건 프로젝트 활동을 통해 다채로운 경험을 쌓을 수 있는 거다. 2년마다 떠나는 일주일간의 학급 여행은 아이들이 가장 고대하는 시간이다. 6학년 1학기 때 딸은 북쪽에 있는 섬에서 친구들과 일주일간 행복한 시간을 보냈다. 8학년에는 이탈리아의 볼차노로 스키 캠프를 간다. 딸아이가 참여했던 프로젝트 중 인상적인 건 훈데 프로젝트(Hunde Projekt 개 프로젝트)다. 선생님은 수업 시간에 자신이 기르는 개를 직접 데리고 와서 개의 특성뿐 아니라 개를 돌보는 방법과 산책을 시키거나 사람 많은 곳에서 어떻게 다뤄야 하는지를 가르쳐주었고 아이들은 천을 이용해 강아지가 좋아하는 장난감을 만들었다. 집에서 강아지를 키우고 싶었던 딸은 그 시간을 통해 대리 만족하며 행복해했다.

첫째 아이는 9학년에 뮤지컬 수업에 참여해서 한 학기를 마치고 한 편의 뮤지컬 공연을 무대에 올렸다. 아이가 무대에서 랩을 하면서 공연을 흠뻑 즐기는 모습은 놀라웠다. 제2외국어로 프랑스어를 배우는데 프랑스 됭케르크의 페넬롱이라는 학교와 연계한 교환학생 프로그램을 신청했다. 프랑스에서 온 토마가 우리 집에서 함께 생활하는 것도 잊지 못할 시간이었지만 우리 아이도 프랑스 가정에서 일주일간 머물면서 언어뿐 아니라 새로운 문화를 직접 체험할 수 있었다. 됭케르크에 다녀온 아이는 어렵게만 느껴졌던 불어에 자신감을 갖게 되었다. 공부보다 중요한 건 세상에 얼마든지 있다. 아이들이 다양한 경험을 누릴 수 있어 다행이고 한편으로는 부럽기까지 하다. 독일에 오면서 아이들이 우리와는 다른 교육을 받기를 원했는데 꿈이 이루어진 셈이다.

파싱, 카니발을 즐기는 시간

　사육제는 기독교 국가에서 부활절이 오기 40일 전에 며칠 동안 벌이는 축제로 카니발(Carnival)이라고도 하는데 독일에서는 파싱(Fasching)이라고 부른다. 예수의 고난과 죽음을 기억하는 교회 절기인 사순절이 시작되기 전, 화려한 의상을 입고 마음껏 즐긴다. 독일 사람들은 평소에는 굉장히 무뚝뚝해 보이고 모범적으로 행동하는데 파싱 축제 때만 되면 흥에 취해 전혀 다른 사람이 된다.

　매년 2월 말이 되면 유치원과 초등학교에서도 사육제를 기념하는 행사가 열린다. 둘째 딸아이는 다섯 살 때 백설 공주 옷을 입었고 여섯 살 때는 영화 겨울 왕국의 엘사 공주 스타일로 원피스를 입고 분홍색 왕관을 썼다. 초등학교 1학년 땐 한국에서 넷째 이모가 보내준 색동저고리 한복과 비즈가 화려하게 달린 민소매 보라색 드레스를 두고 한참을 고민했다. 자기 오빠가 사촌 형에게 물려받은 한복을 입고 가서 아이들 사이에서 인기가 폭발한 모습을 봤기 때문인데 결국 자기가 고른 보라색 드레스를 입고 다음 해에 한복을 입었다.

축제 때 반 아이들이 먹을 음식은 학부모들이 각자 한 가지씩 준비한다. 가볍게 먹을 수 있는 핑거푸드가 대부분인데 나는 머핀을 준비했다. 축제 기간에는 선생님들도 삐삐용, 수녀, 마녀 등 다양한 의상을 입고 학교에 온다. 엄격해 보이기만 하던 그들이 일순간 다른 캐릭터로 멋지게 변신한다. 나도 그랬던 적이 있다.

서른여덟 살 때 책을 읽고 글을 쓰며 자신을 알아가기 위해 공부하던 모임이 있었는데 그곳에서였다. 선배 기수들이 모두 모인 신년회 때 강남스타일 춤을 췄다. 초등학교 교사였던 친구가 뽀글 머리 가발을 준비해 왔지만 그래도 용기가 나지 않던 우리는 눈을 가리자며 선글라스까지

썼다. 가발 하나 쓰고 눈만 가렸을 뿐인데 다른 사람이 된
것 같았다. 점잖고 무게 잡던 모습은 온데간데없었다. 소품
하나 썼을 뿐인데 오히려 기존의 가면이 벗겨지는 기분이
랄까.

　　매일 긴장하며 살지는 않지만 하루쯤은 잠시 나를 내
려놓고 자유롭게 흔들리는 것도 좋지 않을까. 독일의 파싱
도 기분 좋은 흔들림이다. 아이뿐 아니라 어른인 선생님도
적극적으로 동참해서 음악에 몸을 흔드는 모습은 낯설지
만 그만큼 자유로워 보인다. 맨정신으로 살기 힘들 때 알
코올의 힘을 빌리면 잠시 기분이 좋아지는 것처럼 의상(코
스튬)을 통해 자의식(自意識)을 벗는 시간, 다른 사람이 된
듯 즐겁다. 어른보다 자의식을 쉽게 내려놓는 아이들은 음
악만 틀어주면 언제 수줍었냐는 듯이 몸을 흔든다. 보는
이마저 유쾌해져 스트레스가 풀린다. 자유로운 분위기에
서 춤추고 노래하면서 충전된 에너지라면 사순절의 고난
쯤은 거뜬히 견디게 될 거다.

독일 아이들은 생일 선물로 뭘 할까

　　독일에서 아이들의 생일 파티는 중요한 연례행사 중 하나다. 부모들은 매년 자녀의 기억에 오래 남을, 색다른 생일 파티의 아이디어를 짜느라 고심한다. 파티를 할 계획 이라면 초대할 친구는 몇 명쯤 되는지 명단을 뽑고 초대장 을 만들어서 최소 3주 전에 보낸다. 친구들의 참석 여부를 확인하고 일정을 사전에 공유하면서 아이들의 들뜸은 배 가된다. 남매가 초등학생 때까지만 해도 생일 초대 카드는 직접 만들었는데 고학년이 되니 유럽에서 사용하는 메신 저인 왓츠앱으로 아이들끼리 초대 여부와 일정을 주고받 는다.

　　아이가 어릴 땐 집에서 친구들과 함께 놀 수 있는 프

로그램을 기획해서 하루 진하게 놀았다. 오누이에게 가장 기억에 남고, 친구들에게 인기 있었던 생일 파티는 숲에서 한 보물찾기다. 살구 씨앗에 숫자를 적고 글루 건을 이용해서 파란색 끈을 붙였다. 살구 씨앗 10개를 숲에 숨기면서 사진을 찍어 보물 지도를 만들었다. 10명을 두 팀으로 나누어 보물을 찾게 했다. 보물마다 번호를 매기고 상품으로 간식을 준비해 두었다.

토요일 오후 2시부터 6시까지의 일정이었다. 정원에서 선물 개봉식을 하고 제비뽑기로 팀을 나누어 숲으로 향했다. 숲으로 가는 길에 있는 놀이터에서 쉬면서 간식으로 브뤼첼을 먹고 팀별 지도를 공개했다. 이때 원본과 사본의 이정표 사진의 선명도가 다르다. 원본은 컬러고 출력물은 흑백이라 가위바위보로 원본을 어느 팀이 가질지 정했다. 이런 사소한 차이에도 아이들은 신나서 소리를 질러댔다.

지도에 있는 사진은 보물을 숨겨둔 이정표다. 보물 지도를 만들 때 살구 씨앗을 숨기면서 아이들에게 힌트를 주려고 사진을 찍었다. 나무 등걸이나 바닥의 풀이 모두 초록색 아니면 갈색이니 다 비슷비슷해서 어디가 어딘지 숨긴 나도 찾기 어려웠다. 살구 씨앗에 숫자를 적어 파란색 끈에 글루건으로 붙여둔 샘플을 보여주며 이게 바로 숨겨둔 보물이고 이 숫자에 적힌 대로 선물을 받을 수 있다고 알려줬다. 선물은 숲에서 먹을 간식인데 찾은 만큼 팀별로 먹는 거다. 숲에 도착해서 지도를 참고해서 팀별로 합심해서 보물을 찾는 모습이 진지하다. 두 팀이 균형을 맞춰 찾도록 힌트를 적절하게 주며 도왔다. 살구 씨앗을 찾은 아이는 산삼이라도 찾은 듯 고함을 질렀다. 씨앗에 적힌 숫자에 따라 모두 다른 선물을 준비했는데 어떤 간식이 나올지 기대하고 받은 팀은 얼마나 좋아하던지. 아이들이 좋아하는 간식인 위버라숑(Überraschung 깜짝 선물이라는 뜻으로 달걀모양의 초콜릿 안에 장난감이 들어있다.)이나 팀이 함께 먹을 수 있는 음료수 한 박스가 나올 때면 월척이라도 잡은 듯 기뻐했다. 얼추 균형 잡히게 선물이 분배된 듯하다. 찾은 간식을 팀별로 나눠 먹고 잔디밭에서 원반던지기와 공놀이를 하면서 놀았다.

그때 반응이 좋아 다음 해 봄, 큰아이의 생일 파티도

숲에서 보물 찾기를 했지만 조금 다른 버전으로 준비했다. 쪽지엔 저녁 메뉴를 적고 젤리를 하나씩 끼워서 숨겼다. 사다리 타기로 두 팀으로 나눈 다음 각 팀이 찾은 메뉴대로 저녁을 먹기로 했다. 총 14개의 쪽지 중 4개는 꽝이고 8개엔 피자, 감자튀김, 치킨너깃, 라면 등의 메뉴를 적었다. 쪽지엔 모두 한글로 적고 남매의 도움을 받아 한글 발음까지 해야 통과다. 나무 주변에 잔가지나 솔방울로 덮어서 보물을 숨겼다. 숨겨 놓고 잊어버릴 수 있으니 일일이 사진을 찍어서 못 찾을 경우 힌트로 보여주었다. 아이들은 숲에 흩어져 엄청 열심히 찾았고 누구 한 명이 찾으면 몰려들어 소리를 질렀다. 한 시간 이상 숲에서 보물 찾기를 하면서 놀았다. 다행히 두 팀이 각각 골고루 메뉴를 찾았다. 라면이 당첨된 팀은 한국의 매운맛을 톡톡히 보며 즐거워했다.

딸아이의 초등학교 3학년 생일 파티 때는 초대된 친구의 엄마들끼리 단체 왓츠앱을 열어서 생일 파티 일정을 공유했다. 초대장에 참석 여부를 알려달라는 항목이 있는데 대부분의 엄마가 "초대해 주어 고맙다. 우리 아이는 갈 수 있다."라며 재인이가 어떤 선물을 원하는지 물었다. 처음엔 그냥 예의상 묻는 건 줄 알고 파울 엄마에겐 "재인이는 뭐든 다 좋아한다. 파울이 재인이에게 하고 싶은 선물을 하면 된다. 파울이 가장 큰 선물이다."라고 답했는데 지나고 보니 어찌나 우스꽝스럽던지. 이런 부분에서 독일식 사고를 엿본다. 싫으면 싫다고 정확하게 거절할 줄 알고 자기가 뭘 좋아하는지 딱 부러지게 말하는 태도를 여기서부터 배운다.

생일 초대장을 받으면 아이들끼리 무슨 선물을 받고 싶은지 묻는다. 어떤 친구는 돈이 최고라고 했고 아예 초대장에 돈을 주면 기쁘겠다고 적은 아이도 있었다. 이토록 노골적일 줄이야. 초대장에 돈을 적은 경우는 처음이라 현금 10유로에 달달한 간식을 사고, 말 장난감을 백 개 넘게 모았다는 친구에겐 카드에 말 그림을, 〈해리 포터〉의 말포이를 좋아하는 아이에겐 말포이를 그려 정성을 더했다.

대체적으로 아이들이 원하는 선물 리스트가 있다. 말해주면 선물을 준비하는 사람도 편하고 받는 사람의 만족

도도 당연히 높은데 그걸 대놓고 말하기가 어려웠다. 초
등학생의 경우 보통 10유로 정도의 선물을 하는데 그때
는 재인이도 독일의 생일 문화가 낯설어서 원하는 생일
선물을 말하지 못했다. 그랬더니 남자아이 넷이 돈을 모
아서 그 또래 여자아이가 좋아하는 말 장난감과 로스만
(Rossmann 독일의 드러그 스토어. 약품과 생활용품, 화장
품뿐 아니라 장난감도 판매) 상품권을 사왔다. 혹시라도
선물이 마음에 들지 않으면 교환할 수 있도록 영수증까지
첨부했다.

딸 친구 에밀리의 초대 카드엔 그 무렵 개봉한 〈겨울 왕
국 2〉를 극장에서 볼 예정이라면서 자신의 선물 바구니
(Wunschkorb 분쉬코프는 직역하면 소원 바구니)는 11월
14일부터 어디에 있다고 적혀 있어서 도대체 이게 무슨 말
인가 싶었다. 알고 보니 초대장에 적힌 주소지에 선물 바
구니를 놓아두었다는 말이었다. 에밀리가 파티 날짜를 기
입하고 갖고 싶은 물건 리스트를 담아놓은 바구니를 로스
만에서 발견했다. 바구니 안에는 각종 장난감의 가격까지
출력해 담겨 있었다. 생일인 아이가 자신이 직접 받고 싶

은 선물을 골라서 바구니 안에 담아두니 무슨 선물을 해야 할지 고민하는 수고도 덜고 고른 선물을 좋아할지 염려할 필요도 없었다. 에돌아 말하지 않고 곧장 말하는 것, 서로 무엇을 원하는지 스스럼없이 묻고 답하는 것도 주는 사람과 받는 이, 모두가 만족할 수 있는 윈윈 전략이다.

독일에 수영 못하는 어른이 드문 이유

　　한국보다는 덜하지만 여름은 여름, 햇볕은 뜨겁고 무더운 바람에 숨이 막힌다. 독일에는 에어컨이 드물다. 대도시 베를린에서 묵었던 호텔이나 대중교통에도 에어컨이 없는 경우가 대부분이라 처음엔 충격이었다. 일단 전기세가 비싸고 설치비가 많이 든다. 습도가 낮아 롤러셔터로 햇빛을 막으면 견딜 만하다. 결국 에어컨 없는 여름에 적응해야 했다. 그래도 숲이 많고 집집마다 나무를 정성껏 가꾸니 한국보다 덜 덥게 느껴진다. 나무 한 그루당 에어컨 한 대의 역할을 한다는데 지구 온난화를 생각하면 에어컨이 없는 환경에 불평할 수 없다. 그래서 독일 사람들은 정원에 풀장을 설치하고 여름 내내 수영을 즐긴다. 더위를 견디기 힘들 땐 온 가족이 집 앞 수영장에 간다. 실내 수영장뿐 아니라 여름에만 문을 여는 야외 수영장도 집에서 걸어서 5분이면 갈 수 있다.

거침없이 물속으로 뛰어드는 아이들을 보면 새삼 내가 이방인이 된 기분이 든다. 한국에서도 여러 번 수영을 배우려고 했었지만 머리를 물속에 넣는 것이 무서워 포기했었다. 독일에 와 수영을 배우려고 알아봤더니만 성인반 수업은 5년에 한 번 있을까 말까란다. 수강생이 모여야 강습을 할 텐데 독일에는 수영 못 하는 어른이 드물다는 얘기다. 백발의 할아버지가 서너살쯤 되어 보이는 손주에게 수영을 가르치거나 노부인이 우아한 백조처럼 머리칼이 젖지 않은 채 수영하는 모습이 마냥 부럽기만 할 뿐이다. 첫째는 동생에게 물을 흠뻑 뒤집어씌우고 미역 줄기처럼 머리가 젖은 동생은 아빠 목에 꼭 매달려 하지 말라고 소리를 지른다. 물 밖 벤치에 앉아 구경만 하고 있으려니 덥기도 하고 괜히 서러워진다.

독일에서는 수영을 중요시 여기기에 어릴 때부터 가르친다. 생존 수영은 네 단계가 있는데 1단계는 해마, 2단계는 브론즈, 3단계는 질버, 4단계는 골드다. 첫째 아이는 5학년 때 질버(Siber 3단계)를, 둘째 아이는 초등학교 2학년 때 브론즈(Bronze 2단계)를 이수했다. 5학년이 된 딸이 친구 파울리나와 수영장에 가겠다길래 열 살인 딸을 혼자 보내기 걱정되어서 보호자가 필요하지 않을까 물었더니 파울리나가 골드(Gold 4단계)까지 땄다면서 걱정 말라고 했다. 골드를 딴 아이들의 자부심은 대단하다. 한국에서 태권도 급수를 묻는 것처럼 독일에서는 수영의 급수를 따진다. 상급학교로 진학할 때도 준비 서류에 성적표와 함께 수영 급수 확인서를 제출한다.

딸은 초등학교 2학년 때 일주일에 하루 두 시간씩 의무적으로 수영 수업을 받았다. 신청서엔 물에 대한 친숙도 및 수영 가능 여부를 체크하는 항목이 있었고, 학기가 끝날 때까지 모든 학생이 최소 1단계(해마)는 해야 한다고 적혀 있었다. 동네 수영장의 어린이 강습도 최소 4개월은 기다려야 하는 이유가 있었다. 독일에서는 아이가 학교에 가기 전 미리 수영을 가르치는 경우가 많기 때문이다. 딸 반 정원이 20명 남짓인데 1단계나 2단계까지 이수한 아이가 절반이나 됐다. 1단계 이상 이수한 학생은 수영 수업에 가지 않고 원래대로 체육 수업을 한다.

딸이 학교에서 수영 수업을 한다는 공지를 받고 부랴부랴 수영장에 대기자로 등록했다. 수업 첫날, 수영장 밖에서 유리문으로 지켜봤는데 킥보드를 가슴에 착용한 딸은 낮은 수심 0.78m에서 자유롭게 논다. 개구리 수영에 필요한 팔 동작과 발차기를 연습하다가 바로 수심 1.60m를 경험한다. 무서워하는 아이는 선생님이 옆에서 도와준다. 물을 대하는 모습을 보면 누가 물을 두려워하는지 보인다. 딸은 아빠와 수영장에서 자주 놀았고 학교에서도 수영 수업을 참여하니 겁먹지 않고 쉽게 따라 한다. 자신의 키를 넘는 깊은 수심에서 개구리 수영이 어느 정도 가능해지면 세 번째 수업에선 가슴에 착용한 킥보드를 벗는다.

네 번째 수업에서는 수심 2m 다이빙을 시킨다. 열 명 중 다섯 명은 무서워한다. 어떤 아이는 겁에 질려 눈물을 보인다. 주저하는 아이는 다른 친구가 밀어서라도 떨어뜨린다. 너무 심한 거 아닌가 싶은 마음도 들었지만 안전에 관한 대비는 충분히 되어 있다. 겁에 질려 눈물을 보이던 아이는 아무 일도 없었다는 듯이 물 밖으로 빠져나온다. 상상 속 두려움도 실제로 마주하면 별거 아니다. 때론 그냥 몸을 던져 버리는 것밖에 방법이 없을 때도 있는 법이다.

수영장 수심이 2m 혹은 3m로 바뀔 시엔 수영장의 안전 요원이 꼭 수영의 급수를 확인한다. 남매는 1단계를 이수하고 난 후에는 "수영할 수 있나요?"라는 질문에 당당하게 "네"라고 답한다. 독일에서는 초등학교 졸업 전에 최소 브론즈(2단계)까지 이수하도록 한다. 한국에서 수영을 3개월 배운 게 전부인 첫째 아이는 4학년 때 바닷가로 학급 여행을 갈 때도 수료증을 제출해야 했다. 최소 브론즈(2단계)가 없을 경우 물에는 들어가지 못한다. 김나지움에 입학 등록할 때도 수영 급수 서류가 필요했다. 큰아이도 뒤늦게 브론즈 단계를 이수하기 위해 한 달간 수영 강습을 다녔다.

독일에서의 수영 교육은 얼마나 빠르게 멀리 갈 수 있는지를 가르치지 않는다. 생존 수영을 뜻하는 독일어 단어는 레퉁슈빈멘(Rettungsschwimmen)이다. 레퉁(Rettung)은 구조, 구명, 보호를 뜻한다. 물속에서 나를 보호할 수 있고 타인을 구할 수 있는 능력을 갖추는 것을 목적으로 한다. 남들이 어떻게 보든 살아남는 것이 먼저고, 살리는 것이 중요하다. 그래서 에너지 소모가 적은 개구리헤엄을 가르치고 물에서 오래 버티는 훈련을 시킨다. 잠수하는 법을 배우고 높은 곳에서 뛰어내리도록 훈련한다. 딸의 학교 수영 수업 마지막 날에는 수영복이 아닌 평상복을 입히고 실제로 물에 빠졌을 때의 상황을 재현했다.

만약 한국이었다면 이렇게까지 수영을 배우지는 않았을지도 모르겠다. 공교육에서 수영이 가능하려면 생존 수영이 가능한 교사와 시설이 필요한데 독일은 그 부분이 갖춰져 있다. 학교 행사로 카약을 탄다고 할 때도 걱정이 없고 수심이 깊은 호수에서도 원하면 언제라도 두려움 없이 물속에 뛰어들 수 있는 기술을 장착한 셈이다. 독일에서는 어린 나이에 스스로를 구할 최소한의 능력은 갖추도록 교육한다.

고지식한 부모라고! 내가?

　큰아이의 열여섯 살 생일이 지난 뒤 보험사에서 보험 카드를 변경하라는 우편물이 왔다. 그전까지는 아이의 보험 카드엔 사진이 없었는데 열여섯 살이 되면서 사진이 있는 보험 카드로 바꿨다. 독일의 의료 보험 시스템은 공보험과 사보험이 있는데 그중 공보험은 한국의 국민건강보험공단과 비슷하지만 독일에서는 여러 보험 회사가 경쟁한다. 감기에 걸려 병원에 가면 한국에서는 몇천 원의 최저 의료비를 내지만 독일에서는 무료로 진료를 볼 수 있다. 의사의 처방으로 진통제를 살 경우 성인은 약값으로 5유로 정도는 내지만 아이는 무료로 의료비 혜택의 폭이 조금 더 넓다.

이제 아이도 성인이 될 날이 머지않았다. 독일에서는 열다섯이 되면 교통비는 성인 요금을 내야 한다. 열여섯이 되면 법적으로 음주가 가능하고 운전 면허도 딸 수 있고 보호자 동반하에 운전도 가능하다. 열여덟 살이면 부모 동의 없이 뭐든 할 수 있는 성인이 된다. 열여섯 살 생일날 아들은 처음으로 맥주를 마셨다. 한 모금에 엥? 퉤퉤퉤 하면서 인상을 찌푸렸다. 한번 해보면 사실 별거 아닌 것들이 금지하면 없던 호기심도 생긴다. 아이에겐 어른들의 세계인 술도 그중 하나다.

3년 전, 남편이 회사에서 정직원이 되면서 슈토프로 이사하게 되었다. 첫째 아이가 새로운 학교에 적응하는데 유독 다정하게 대해준 친구가 아니코다. 아니코의 소개로 이바와 일리아라는 친구와도 알게 되면서 가깝게 지낸다. 초등학교 때까지는 남자애들이랑만 놀던 아이가 중학생이 되면서 이성 친구와도 스스럼없이 지낸다. 혹시 사귀는 건 아니냐고 의심하니 그냥 여자 사람 친구일 뿐이라며 정색한다. 지난달엔 여자애들하고 수영장을 간다길래, '여자 셋과 수영장을?' 했다가 '그게 뭐 어때서?'라며 나보고 고

지식하단다. 그러더니 이번 주말에는 여자애 셋과 파자마 파티까지 하겠단다. 여자 사람 친구일 뿐이고 여자애들 집에서는 다 허락했는데 안 되는 이유가 뭐냐고 따져 묻는데 말문이 막혀 곤혹스러웠다. 파자마 파티까지는 허락을 못하겠다고 했다니만 보수적이라고 투덜댄다. 대번에 고지식한 부모로 전락이다.

일단 얼굴이라도 봐야겠다 싶어서 여자애들을 집으로 초대해 점심을 같이 먹기로 했다. 학교 끝난 후, 아이들이 우르르 집으로 몰려왔다. 어느 때보다 집 안 구석구석 청소에 심혈을 기울였다. 아들의 여자 사람 친구가 셋이나 온 건 처음이라 여간 신경이 쓰이는 게 아니다. 식탁 테이블보는 남편이 다리미로 다렸고 흰색 냅킨은 곱게 접었다. 점심은 간단한 해물볶음 우동으로 준비했다. 여자애들은 파자마 파티조차 허락하지 않는 동양인 부모가 엄청 무서울지도 모른다고 겁먹었다가 직접 보고는 안심한 모양이다. 그건 나도 피차일반이다. 시시콜콜한 일에 잘 웃고 약간은 수줍음도 타는 아이들을 만나고 안도했다. 하긴 공대생 출신인 나도 60명 정원에 여자는 8명뿐인 학과 생활을 하며 이성 친구랑 더 잘 어울렸던 걸 떠올려 보면 이상할 것도 없다. 아이에겐 열여섯 살이 되면 허락하겠다고 선을 그었는데 막상 순수한 아이들 얼굴을 마주하니 마음이 놓였다. 결국 그날 파자마 파티를 허락했다. 파자마 파티에서 포커 게임도 하고 영화도 보며 실컷 수다를 떨며 즐거운 시간을 보내고 왔으니 그저 엄마의 기우였을 뿐이다.

열여섯 살 생일 때 갖고 싶은 걸 말해보라니까 이번엔 진짜 여자친구랑 파자마 파티를 하겠단다. 맥주도 한 모금 마셨겠다. 이제 그다음으로 가겠다는 건가? 그건 어림도 없다. 열여덟 살 생일이 지난 여자 친구는 이제 면허도 땄고 그 집에선 허락했단다. "아들아, 너도 열여덟 살이 되면 허락하겠노라."라고, 일단 시간을 최대한 끄는 중이다. 엄마는 네 나이 때 학교와 집 그리고 독서실만 다니면서 공부만 했다고 라테는 말이야, 꼰대처럼 굴고 싶은 마음을 꾹꾹 누른다. 금지하는 것들에 대한 욕망이 커질까 봐 걱정이다. 독일에선 십 대 중반의 아이들이 이성을 사귀면 성교로 이어지는 경우가 많다고 책에서도 읽었고 주변 지인들로부터도 전해 들었다. 초등학교 때부터 콘돔 사용법도 리얼하게 배워서 충격이었는데 당연히 콘돔을 사주는 쿨한 부모는 못 된다.

노랑 유치원 버스를 타고 차창 밖의 엄마에게 손만 세차게 흔들고 뒤도 안 돌아보고 떠나갈 때보다 더 헛헛하다. 가슴에 찬 바람이 인다. 이제 다시는 내 품으로 파고들며 배고프다며 밥 달라고 칭얼대던 아이를 만날 수 없다. 틈만 나면 여자 친구 만날 생각에 들뜨고 아르바이트로 생에 처음 번 돈으로 애인에게 USB를 선물한다. 이틀에 한 번은 삐져나오는 시커먼 수염을 면도기로 밀고 보름에 한 번 정도는 카페에서 아르바이트를 한다. 머리를 길게 기르며 맥주를 마시겠다고 간을 보고 여자 친구랑 하룻밤을 보낼 궁리를 하는 아들의 얼굴이 낯설다. 아이의 성장을 따라가기도 벅찬데 한국과는 또 다른 문화에 적응하느라 때로는 힘겹다.

언제까지고 품에 안고 있을 수 없다는 걸 머리로는 알지만 죽을 때까지 품어 돌봐주고 싶은 게 어미의 마음이다. 과연 언제쯤이면 아이를 웃으며 놓아줄 수 있을까.

"독일 사람에겐 생일이 왜 그렇게 중요해?" 물었더니만
"그럼 네게 중요한 날은 언제야?"라고 되묻는다.
매일을 특별하게 잘 보내는 게 중요하지, 무슨 날만 특별
하게 보내는 게 의미가 있을까 싶지만 그건 궁색한 핑계
다.

PART 3

생각처럼 매일을 특별하게 보내진 못하니까.

그러니 살아있는 동안 최대한 기뻐하고 축하해 줘야지.

죽고 나면 생일은 잊히고 제삿날만 기억될 테니까.

마리타와 분홍 장미

독일로 이사 온 첫해, 마리타는 우리 가족 모두의 생일을 물어보셨다. 얼떨결에 실제 생일과 다른, 주민등록상의 날짜를 알려드렸다. 다섯 번째도 딸이라서 실망하신 아빠가 2주 늦게 출생신고를 한 탓에 실제 생일과 차이가 난다. 왜 물어보셨을까 궁금했는데 주민 번호상의 날짜인 3월 1일에 정확하게 생일 선물을 주셨다. 매년 날짜가 바뀌는 음력 생일을 외국인인 마리타에게 서툰 독일어로 설명하기엔 너무 어려울 것 같아서 3월 1일은 마리타와 나만 아는 특별한 생일로 삼기로 했다. 그날 이후로 그녀는 우리 가족 모두의 생일을 해마다 살뜰히 챙기셨다. 남편에겐 향수를 나에겐 보디로션과 보디젤 세트 그리고 큰 아이에겐 마우마우 카드와 초콜릿을, 작은 아이에겐 메모리 게임 카드와 그 당시 유행했던 겨울 왕국 OST 음반을 선물하셨다.

마리타는 집주인 피터의 아내다. 그녀는 칠십 대 중반이 되었지만 여전히 유쾌하고 활기차다. 집을 방문해 보면 먼지 한 톨 없이 깔끔하고 밖에 나와 있는 살림살이 하나 없이 정갈한 모습에 놀랄 수밖에 없다. 그녀의 정원에서는 잡초 한 포기 찾기 어렵다. 잔디는 늘 보기 좋게 깎여있고 수국과 단풍나무에서도 부지런한 손길이 묻어난다. 빨래 건조대가 있는 곳에 새 모이와 물을 떨어지지 않게 채워두기에 매일 아침 새소리로 하루를 연다. 한 달에 한 번 혼자서 염색과 이발을 하고, 주말에 피터와 외식하러 갈 때 단정하게 차려입으신 모습이 어찌나 고운지 나도 저렇게 나이 들고 싶다며 감탄하고 만다.

그녀와 한 지붕 두 가족이 된 지 3년째 봄, 마리타가 많이 아팠다. 암 수술을 앞두고 검사를 받느라 정신없었을 텐데도 병원에서 내 생일을 잊지 않고 문자를 보내 축하해 주셨다. "유진, 생일 축하해. 모든 일이 잘되고 좋길 바라." 간결하지만 마음이 담긴 메시지였다. 잠깐 집으로 돌아오셨을 때 다리가 많이 부어서 걷는 게 여의치 않으니 아래층으로 잠시 와 달라고 부탁하셨다. 독일에서는 생일인 사람이 선물에 대한 답례로 차와 케이크를 대접하는 문화가 있다. 부랴부랴 케이크를 사서 온 식구가 아래층을 방문했다. 울긋불긋 화려한 옷을 입은 선물이 탁자 위에 놓여있었다. 모두가 보는 앞에서 포장지를 푸는데 누군가 내 생일을 기억하는 것도 낯설고 모두가 보는 앞에서 선물을 받는 것도 어색했다. 열흘 후, 종양 제거 수술이 예정되어 미리 선물을 준비하셨단다. 편찮으신 와중에 세입자 생일이 뭐라고 이렇게까지 챙기시나 싶어 몸 둘 바를 몰랐다. 그때 받은 에스프레소 커피잔 세트가 마리타의 마지막 선물이 될 줄은 몰랐다. 마리타와 헤어지면서 "당신은 강한 사람이니 분명 수술을 잘 이겨내리라 믿는다."라고 수술을 응원하면서 꼭 안아주었다.

여름에 태어난 마리타의 일흔여덟 번째 생일 파티는 피터와 우리 가족이 정원에 모여서 조촐하게 치뤘다. 그녀는 아이스크림케이크와 커피를 준비하셨다. 우리는 차 내부를 청소할 때 요긴한 소형 전기 청소기를 선물로 준비했고 마리타의 귀여움을 독차지하던 딸은 하트와 별을 그리고 생일 축하한다는 독일어 헤어츠리헨 글룩분쉬, 마리타(Herzlichen Glückwunsch, Marita)라고 쓴 카드를 만들었다. 카드를 펼쳐보시며 환하게 미소를 지으셨다. 구름 한 점 없이 화창한 푸른 하늘과 산들산들 불던 따뜻한 바람에 흔들리던 나뭇잎, 간간이 들리던 웃음소리까지, 그날의 풍경이 여전히 선명하다. 좋으신 분들과 한 지붕 아래, 적당한 거리에서 친하게 지낼 수 있어서 든든하고 참 감사하다고 문득 생각했다. 그녀는 그날 친구들에게 장미 모종을 선물 받았다며 부엌 창문에서 바로 보이는 곳에 심자고 하셨다. 피터가 아치형 모양의 철제 지지대를 세우고 남편이 구덩이를 파 우리 가족 그리고 피터와 마리타 모두 지켜보는 가운데 모종을 심었다. 다음 해 여름, 흐드러지게 핀 분홍 장미를 마리타는 보지 못했다.

어릴 땐 생일을 어떻게 보냈는지 아무리 생각해 봐도 기억이 나지 않는다. 엄마가 살아계셨다면 마리타 연세와 비슷할 거다. 자식의 생일을 가장 잘 챙기는 사람은 엄마일 텐데 나에겐 엄마란 존재가 꽤 이른 나이부터 없었다. 막내딸로 귀하게 자란 엄마는 무려 12형제의 장남이었던 아빠에게 시집을 왔다. 서른일곱이라는 꽃다운 나이까지 딸을 다섯 명이나 낳으셨다. 그때 그 시절 엄마의 삶이 어땠을지 감히 가늠할 수 없다. 엄마가 돌아가시고 난 후에 내게 생일은 오히려 쓸쓸하고 서글픈 날이 되었다. 누군가 축하해 주어도 그저 기뻐할 수 만은 없는 날이었다. 결혼을 해 가정을 꾸리고 난 후에도 마찬가지였다. 케이크에 초를 밝히고 남매가 불러주는 생일 축하 노래를 듣는다. 종종 근사한 곳에서 외식을 하기도 했다. 매년 맞는 생일이 뭐 그렇게 중요할까 싶어서 가사 노동에서 하루라도 벗어날 수 있는 게 제일 좋은 선물이라 여겼다.

독일 사람들은 친해지면 생일을 반드시 묻는다. 큰 선물이 아니더라도 손 편지를 쓰거나 잊지 않고 축하 인사를 전한다. 처음 독일에 왔을 때 사람들이 내 생일을 재차 확인하며 묻기에 혹시라도 선물이라도 하면 부담스러울까봐, 별로 중요하지 않은 날이라고 기억할 필요 없다고 손사래를 치곤했었다. 그랬더니 한 친구는 "생일이 없었다면 넌 이 세상에 없었잖아. 엄청 중요한 날이지." 하면서 생일

당일에 집으로 찾아와서 직접 만든 케이크와 카드를 전해주고 축하 노래까지 불러주었다.

독일에 와서야 생일의 의미에 대해 진지하게 생각하게 되었다. 요란스러워서 생경한 문화에 또 다른 친구에게 "독일 사람에겐 생일이 왜 그렇게 중요해?" 물었더니만 되레 "그럼 네게 중요한 날은 언제야?"라고 의아해하며 되묻는다. 딱히 떠오르는 날이 없다. 매일을 특별하게 잘 보내는 게 중요하지, 무슨 날만 특별하게 보내는 게 의미가 있을까 싶지만 그건 궁색한 핑계다. 생각처럼 매일을 특별하게 보내진 못하니까.

보디로션을 바르면서 향수를 뿌리면서도 이건 언젠가 마리타가 선물한 거구나, 읊조리곤 한다. 마리타는 이곳에 없는데 그녀의 선물은 아직도 내 일상의 일부로 남아있다. 그녀를 알고 지낸 것이 겨우 3년 남짓인데 선물 받은 게 이렇게 많다니. 딸은 메모리 게임이나 마우마우 카드 게임을 하다가도 "이건 마리타가 선물한 거야. 할머니 보고 싶다."라며 그녀를 떠올리곤 한다. 흐드러지게 피었던 분홍 장미

꽃잎이 여지없이 스러지기 시작했다. 문득 다가올 생일이 더없이 소중하게 느껴진다. 내년에도 올해처럼 사랑하는 사람들과 즐겁게 맞을 수 있을까, 장담하기 어렵다. 그러니 살아있는 동안 최대한 기뻐하고 축하해 줘야지. 죽고 나면 생일은 잊히고 제삿날만 기억될 테니까.

한 여름밤의 가든 결혼식

　　한 여름밤의 가든 결혼식, 적고 보니 꽤나 낭만적이
다. 토요일 오후 5시부터 10시까지 있었던 농장에서의 축
제를 한 마디로 뭐라고 불러야 할까 생각하다 문득 떠올랐
다. 밤 열 시가 되기 전에 슬그머니 빠져나오긴 했지만 잠
시 다른 세상에 있다가 나온 듯 독특한 축제라 기억에 오
래 남는다. 축제를 알려 준 건 큰아이가 초등학교 때 독일
어 개인 수업을 해주셨던 풍크트 선생님이다. 워낙 아이
를 예뻐하셨기에 아이가 졸업을 하고도 계속 인연이 이어
지는 분이다. 딸아이가 방과 후 수업으로 골프를 시작했을
때는 재능이 있다며 따로 소식을 전해주실 만큼 각별하다.
여름 방학이 시작하기 두 달 전에 미리 초대장을 주셨지만
'어? 농장에서 3일간 노는 거구나' 하면서 잊고 살았다.

축제가 시작되기 전 일정을 상기시키려고 선생님이 전화를 걸었을 때는 남편하고 의논해 보겠다고 했지만 실은 갈 마음이 없었다. 같은 날 브레멘에서도 음악 축제가 있어서 거길 갈 참이었다. 하지만 축제 첫날에 다녀오신 다음 또 한 번 전화를 주신 걸 보니 생각이 바뀌었다.

독일 사람들은 무언가를 간곡히 권하거나 부탁하는 법이 없다. 그런데도 이렇게 여러 번 연락을 하시는 건 우리에게 그만큼 애정이 있어서고 좋은 걸 함께 나누고픈 마음 때문이겠지 싶었다. 버스와 기차를 타고 한 시간 정도 걸려서 찾아간 곳은 시골 농장이었다. 축제 장소로 이동하는 버스 안에서도 시골 농장에서 하는 행사가 별거 있겠냐고 생각했지만 오산이었다. 입구 몇십 미터 밖부터 차량이 늘어서 있고 자전거 행렬이 끊임없이 이어져 있었다.

밖에서 예상한 것과 달리 널찍한 정원 중앙엔 붉은 카펫을 깔고 무지개떡 색깔의 천막을 친 큰 무대가 설치되어 있었다. 그 주변으로 작은 무대가 두 개 더 있었다. 무대 주변엔 각자 가져온 돗자리를 깔고 옹기종기 앉아서 담소를 즐기고 있다. 무대가 한눈에 보이는 뒤쪽 긴 식탁엔 뷔페처럼 먹을 수 있는 음식을 쭈욱 차려놓았다. 옆 테이블엔 투박하지만 묵직한 머그컵이 상자에 담겨 높이 쌓여있었다. 맥주는 1유로만 내고 머그컵을 사면 얼마든지 마실 수 있고 잔은 기념품처럼 가져간다. 머그컵에 붉은색으로 1유로라는 표시를 해두었다. 돈은 돈 통에 알아서 놓고 가도록 배치해 두었다.

　　우리가 운이 좋았던지 깜짝 이벤트로 축제 중간에 결혼식이 진행되었다. 독일은 법적으로 결혼을 하지 않고 사는 경우도 많은데 이 부부도 그런 모양이다. 부부의 자식으로 보이는 아이들이 결혼식 축가를 근사하게 불렀다. 결혼식은 지인들의 준비로 이뤄졌는데 순서 자체도 창의적이고 어디서도 보지 못한 형식이다. 가장 인상적인 장면은 부부가 함께 하나의 앞치마를 메고 가상의 부엌을 만드는 순간이었다. 선물 상자에서 천에 그린 냉장고 그림, 식탁 그림, 오븐 그림을 하나씩 꺼내 배치했다. 신부 들러리로 보이는 여자가 분홍 장미와 안개꽃으로 장식된 하트 초콜릿 케이크를 전달하자 신부는 마침내 참아왔던 눈물을 터트렸다. 부부는 입맞춤을 하고 서로를 사랑스러운 눈길로 쳐다보았다. 더 이상 젊지 않은 부부였지만 어떤 신혼부부보다 아름다웠다. 두 사람이 함께 쌓아온 세월이 그들의 뒤에서 반짝이고 있는 듯했다.

결혼식 주인공도 모르는 한 다리 건너 초대받은 외국인이지만 여유롭게 축제를 즐기는 분위기에 덩달아 취했다. 협업으로 조금씩 할 일을 분담하면서 누구 하나 희생하거나 힘든 사람이 없이 모두가 즐거운 축제를 자발적으로 만든다. 정원을 내어 주고 그날 결혼식을 올린 주인장 부부가 가장 행복해 보였다.

3년마다 열리는 축제인 만큼 우리에게 권한 선생님도 다음 축제를 보려면 3년을 기다려야 하니 꼭 오라는 거였다. 다음 해 3월부터 코로나로 팬데믹이 일어날 줄은 꿈에도 몰랐다. 흥에 취한 건지 맥주에 취한 건지 어둠이 조금씩 내릴수록 열기는 더 뜨겁다. 네덜란드에서 왔다는 밴드가 마지막 곡을 연주하기 시작한다. 우린 1유로에 맥주를 한 잔씩 마시고 묵직한 도자기 잔 두 개를 들고 흐뭇한 마음으로 돌아왔다. 한 여름밤 축제의 열기는 여전히 맥주잔 안에 그대로 담겨 있다.

독일까지 와서 팥찐빵이라니

어릴 때부터 팥이라면 사족을 못 쓴다. 새알이 팥물 사이로 보일락 말락 떠 있는 팥죽, 팥칼국수와 시루떡, 앙금이 듬뿍 들어간 새하얀 팥빵과 제주도 오메기떡까지. 팥이라면 껌뻑 죽는다. 독일에 사는 7년 동안 한국을 두 번 방문했는데 그때마다 큰언니는 팥물을 직접 내려서 한 번은 팥죽을 다른 한번은 팥칼국수를 만들어 주었다. 팥빵을 얼마나 먹고 싶었던지 독일 빵집에서 영락없이 오메기떡 닮은 빵을 발견하고는 설마 팥이겠어, 의심하면서도 냉큼 주문하고 말았다. 동그란 빵에 박힌 초콜릿을 발견했을 때의 실망감이란. 독일에서는 다양한 종류의 콩을 먹는다. 강낭콩은 물론이고 병아리콩, 검정콩, 렌틸콩을 여러 방식으로 요리해 먹는다. 하지만 아무리 찾아도 팥은 없었다.

초콜릿, 치즈, 햄 넣은 크루아상이나 딸기나 자두 잼이 들어있는 도넛(베를리너 Berliner)은 있지만 팥소를 넣은 빵은 하나도 없으니 신기하다. 마트에서 찐빵과 비슷하게 생긴 빵이 있길래 냉큼 집어 왔는데 쪄서 먹어보니 안에 아무것도 들어있지 않은 맨 빵이었다. 술빵 비슷한 식감에 귀리로 만든 빵을 독일에선 바닐라 소스에 찍어 먹는다. 아시아 문화에 관심 많은 친구 클라우디아는 일본과 한국을 여행하면서 팥을 처음 먹어봤단다. 한국 사람들이 팥으로 죽을 끓이고 얼음을 얹어 먹고 빵과 떡에 넣어 먹는 게 마냥 신기했단다.

흔하게 먹을 수 있을 땐 몰랐는데 귀해지니 이상할 만큼 집착하게 된다. 작년 여름방학엔 갓 나온 팥시루떡을 먹겠다는 일념 하나로 네 시간 동안 기차를 타고 뒤셀도르프까지 갔다. '아시아 도시'라고도 불리는 뒤셀도르프는 일본인들이 가장 많이 사는 도시로도 유명하지만 한인 마트와 한식당도 많다. 토요일엔 하나로 마트에 떡이 대량으로 입고되는 날이다. 가끔 온라인으로 주문하는 냉동 떡만 먹다가 말랑말랑한 갓 찐 떡을 보니 정신줄을 놓고 말았다.

팥시루떡과 무지개떡 호박떡과 인절미와 꿀떡 백설기와 콩떡 그리고 가래떡과 떡볶이 떡까지, 떡만 10팩을 골랐다. 무려 40유로, 한화로 계산하면 6만 원어치의 떡을 산 거다. 한인 마트에서 한식 재료를 주문할 때도 김치와 팥은 절대 빠지지 않는다. 삼청동 '서울서 둘째로 잘하는 집'에서 먹던 달착지근한 팥죽이 그립다.

목마른 자가 우물을 판다던가. 파다 보면 생각보다 힘들지 않다는, 이제는 팥만 있으면 뭐든지 만들어 낸다. 팥죽은 물론 팥칼국수, 팥소 넣은 찐빵까지 모두 만들어 먹는다. 오늘은 며칠 전부터 먹고 싶었던 팥빙수를 만들기로 했다. 팥을 팔팔 끓인 다음 첫 번째 물은 따라 버린 후 은근한 불에 한 시간 정도 끓인다. 소금 약간과 팥의 삼분의 일 정도의 설탕을 넣고 팥알이 완전히 뭉개지기 전까지 푹 삶으니 팥소 완성이다. 그대로 퍼먹고 싶은 유혹을 꾹 눌러 참고 얼린 우유를 갈아 바닐라 아이스크림을 얹고 블루베리와 팥소를 얹으면 팥빙수다. 유럽 사람들이 즐겨 먹는 젤라또 아이스크림과는 비교 불가다.

딸은 독일에 와서 빙수를 처음 맛봤다. 아이스크림과 팥이 어울릴 것 같지 않다더니 한 입 맛 보고 눈이 휘둥그 레졌다. 이 팥소가 또 얼마나 만능이냐면 곡물빵에 바르면 잼 대용으로도 손색이 없고 요거트에 넣어서 얼리면 팥 아 이스크림이 된다. 클라우디아 부부를 초대해서 식사를 대 접 한 후에 디저트로 팥빙수를 내놓았더니 감격한 표정으 로 엄지를 치켜세우며 연신 레카(lecker 독일어로 맛있다 는 뜻)를 외치는데 어찌나 뿌듯하던지. 독일에 와 팥 결핍 증으로 힘든 시간을 보냈지만 덕분에 이렇게 한국의 팥 문 화를 알리는 전도사가 될 수 있었으니 그저 의미 없는 시 간은 아니었으리라. 달짝지근 감겨오는 팥이 있으니 독일 에서의 나날도 조금은 달콤해지리라.

빈 맥주병 네 개과 공병 제도

　독일 살면서 남편이 비틀비틀 취한 건 처음이다. 회식 문화도 없을뿐더러 밤늦게까지 문 여는 술집도 드무니 밖에서 술 마실 일이 없다. 한국의 회식 문화에 진저리를 치던 남편의 유일한 낙은 퇴근 후, 집에서 혼자 에어딩어 맥주(Erdinger Weiß Bier)를 한 병씩 홀짝이는 일이다. 어제는 어쩐 일인지 주인집 남자 올리버가 남편에게 저녁에 시간 되면 만나서 '남자들의 일(술 마시자는 걸 이렇게 돌려 말한다)'을 하자고 권했다. 이사 온 지 이제 막 1년이 지났던 터라 친한 사람도 없는데 남편은 자기를 초대해 주니 고맙기도 하고 독일인의 술 문화도 궁금해서 덥석 응했다.

　한국인에게 외식 문화가 익숙하지만 독일인은 전반

적으로 집으로 초대해서 간단히 차와 케이크를 먹거나 식사를 하면서 와인이나 맥주를 마시는 분위기다. 집에 개인 바를 갖춘 경우도 많다. 지하실을 사적인 공간으로 쓰거나 테라스를 전용 공간으로 만들어서 이용한다. 장소를 제공한 라히네도 남자들의 일을 도모하다가 안주인을 마주치는 일이 없게 테라스를 바처럼 잘 갖춰두었다. 이런 경우 안주 정도는 각자 챙긴다. 남편은 처음이라 멋모르고 그냥 몸만 갔는데 올리버는 소시지를 가져오고 디테는 치즈를, 자리를 제공한 라히네는 자기가 담근 술을 내오는 식이다. 그날 골목 남자들 넷이 모여서 저녁 시간 내내 술을 마셨다.

다음날 우리 집 남자는 침대와 화장실만 하루 종일 왔다 갔다 하며 숙취에 괴로워하고 있었다. 벨이 울려 나가보니 어젯밤 함께 술을 마셨던 라히네다. 남편이 지갑을 자기 집에 두고 갔다며 건네주신다. 남편은 술에 취해 지갑을 놓고 온 줄도 몰랐나 보다. 창밖으로 내다보니 소시지 통은 올리버 집 앞에, 빈 맥주병 네 개를 우리 집 현관 앞에 쪼르르 세워 두고 가신다. 빈 병은 뭘까 하고 의아해하며 남편에게 물었더니, 전날 밤 중간에 맥주가 부족해서 자기가 몰래 우리 집 뒷문으로 들어와 창고에 있는 맥주를 들고 갔단다. 남편이 가져간 맥주의 빈 병을 돌려주신 거다.

독일은 공병 회수 시스템이 잘 되어 있다. 맥주 공병은 8센트 정도다. 공병뿐만이 아니다. 플라스틱 용기는 0.25유로니 한화로 300원 정도다. 마트 앞에 공병 회수 기계가 있어서 한꺼번에 모았다가 반납하면 금액이 적힌 종이가 영수증으로 나오는데 장 볼 때 현금처럼 사용할 수 있다. 겨우 8센트(0.08유로) 맥주병까지 정확하게 돌려주는 모습에서 저게 바로 독일인의 특징이지 싶었다. 공과 사는 정확하게 구분 짓고 돈과 관련된 건 빈틈이 없다. 친구와 만나 밥을 먹고 차를 마실 때도 자기가 먹은 건 각자 계산하는 더치페이가 대중화되어 있다. 계산원은 "같이 계산하시나요? 혹은 따로 계산하시나요?"를 계산할 때 꼭 묻는다.

함께 술을 마신 네 시간 동안 꽤 친해졌나 보다. 그날

이후로 올리버가 뭘 자꾸 들고 온다. 원래도 친절한 사람이었는데 지난주에는 신발장을 들고 오더니 엊그제는 TV 받침대를 가져왔다. 마침 우리 집에 딱 필요한 가구들이었다. 자기네 집 카펫을 청소하려고 대여한 카펫 청소기도 필요하면 쓰란다. 부쩍 다정해진 모습을 보니 '남자들의 일'이 그리 쓸모없는 시간만은 아니었나 보다. 남편에게 농담조로 도대체 그날 밤 올리버와 무슨 일이 있었냐고 물었지만 입을 꾹 닫고 답이 없다. 다음에 또 '남자들의 일'을 한다면 꼭 보내줘야지. 물론 지갑은 꼭 챙기라는 말은 잊지 않고.

고등어 사러 네덜란드로!

    내가 사는 중서부의 작은 마을 슈토프에서 기차를 타고 20분이면 네덜란드다. 기차로 20분 거리에 불과한데 분위기는 사뭇 다르다. 자유분방함이 공기에서부터 느껴진달까. 스커트 입은 세련된 여성이 훨씬 더 많이 보이고 점원의 표정은 독일보다 밝고 명랑하다. 아무리 자전거의 나라라지만 기차역 한 켠에 몇 층에 걸쳐 주차되어 있는 자전거를 보면 놀라고 만다. 자전거 도로도 독일보다 넓고 찻길과 다른 색으로 확실하게 구분되어 있다. 한국에 살면서 한번도 맡아본 적 없는 마리화나 냄새를 고등어 사러 가는 길에 맡게 되다니.

    슈토프(Schüttorf)에서 세 정거장만 가면 헹겔로(Hengelo),

이곳에서도 수산 시장이 열리지만 엔셰데(Entschede)가 몇 배는 더 크다. 자동차로는 30분이면 가고 기차로도 한 시간이 채 걸리지 않는다. 수산 시장이라고 해산물만 파는 건 아니다. 과일이나 야채, 치즈와 잡화까지 생활에 필요한 모든 게 갖춰져 있다. 생선 가게 한 쪽에선 흰 살 생선이나 새우, 홍합 따위를 튀겨서 파는데 장을 보러 나온 사람들이 가볍게 끼니를 때우기 좋다. 튀긴 생선에 마요네즈 소스를 곁들여 먹거나 주먹만 한 바게트 빵에 끼워서 먹는데 한국 사람 눈에는 신기할 따름이다. 겉은 질긴 빵에 튀김옷을 입은 생선이 어울릴까 의심스러웠는데 한 입 베어 먹어보니 식감은 낯설지만 밥에 튀긴 생선 한 점 올려 먹는 것처럼 간이 딱 맞았다.

독일은 삼면이 육지라 해산물이 귀하다. 마트에서는 싱싱한 해산물을 발견하기가 어렵다. 내게 익숙한 생선은 없고 어쩌다 발견해도 냉동이고 비싸다. 어느 날은 생물을 발견해서 반가운 마음에 해물탕이라도 해볼까 싶어서 검색을 해봤더니만 무지개송어였다. 무지개송어는 내가 요리할 수 있는 생선이 아니어서 포기했다.

남편은 고등어 김치찜이라면 사족을 못 쓴다. 그래서 네덜란드까지 고등어를 사러 간다. 고향이 여수인 남편이 고등어 김치찜이나 갈치조림을 먹고 싶다며 세상 안타까운 표정을 지을 때마다 국경을 넘는다. 자판에 깔린 고등어 가격을 물어보니 1kg에 4유로란다. 반은 구워 먹고 반은 조림을 하면 되겠다 싶어서 3kg을 샀다. 저울에 담는 걸 보니 여덟 마리나 올라간다. 두 마리에 오천 원도 안 하는 거다. 잘생긴 청년에게 다듬어 달라고 하니 머리와 내장을 제거하면 고등어 형체를 알아볼 수 없는데 괜찮겠냐며 농담을 던진다.

처음 피시 마켓에 왔을 때는 소라와 게도 샀었다. 집게발도 두툼하고 소라도 씨알이 커서 맛있어 보였는데 막상 소라 죽을 끓이니 깊은 바다향이 약하고 꽃게탕은 맹탕이었다. 비슷한 종이라도 어떤 바다에 사느냐에 따라 이렇게까지 달라질 수 있구나 싶었다. 각 나라의 요리법은 문화의 영향뿐만 아니라 자기 땅에서 나는 재료에 맞추어 발전해 온 게 아닐까. 그날 이후로는 만만한 고등어만 산다. 오늘 저녁은 고등어 김치찜과 고등어구이이다. 고등어 두 마리는 묵은지를 돌돌 감싸 고등어 김치찜을 하고 나머지는 굽는다. 고등어 구운 날, 온 집안에 연기가 자욱하다. 남편은 가시를 기똥차게 발라내는 기술을 외과 수술에 비유하면서 살만 발라 엄마부터 아들과 딸까지 차례차례 밥숟가락에 올려준다. 국경을 넘어온 싱싱한 고등어로 우리 집 밥상에 고향의 내음이 가득해진다.

다음날 한인 마트에서 한식 재료가 배달되어 왔다. 한식 재료가 도착하면 그날은 무조건 매운 떡볶이를 만들어 먹는 것이 나만의 의식이다. 속이 불편해 한참을 고생할 것을 알지만 어쩔 수 없다. 아우성치는 뱃속을 우엉차로 다스리며 생각한다. 니체는 어디에서 무얼 먹고 사는지에 따라 존재가 형성된다고 했다. 일곱 번의 겨울을 보내며 빵과 치즈에 익숙해졌지만 떡볶이와 김치는 놓지 못했다. 네덜란드에서 사 온 고등어를 구워 먹는 나는 지금 어떤 존재가 되어 가는 걸까.

독일 택배 기사는 전화를 하지 않는다

"결국, 택배가 한국으로 어제 돌아갔대."

"오 마이 갓! 택배 트라우마 생기겠어. 독일은 왜 택배 기사님이 전화를 안 하시니?"

"택배 아직이야?"를 한 백 번쯤 듣고 난 후, 한국에서 택배를 보낸 지 두 달이 지났을 즈음에야 세관(Zollamt 쫄 암트)에서 편지가 왔다. 한국에서 보낸 택배는 세관에 자주 걸려서 직접 찾으러 가거나 한국으로 되돌아간 적도 있다. 한 번은 200장의 마스크를 보냈는데 수량이 많아서 독일에서 판매할 수도 있다는 오해를 받고 돌아갔다. 다른 한 번은 받는 이의 이름과 명패가 일치하지 않는다는 이유로 독일을 찍고 한국으로 되돌아갔다. 셋째 언니는 20킬

로그램이나 되는 책이 든 박스를 지하 주차장으로 내려 우체국으로 가져가서 부치는 일을 세 번이나 반복해야 했다. 그냥 전화 한 번이면 해결될 일 아닌가. 두 나라를 세 번이나 왔다 갔다 하는 비용이 아깝다. 원칙주의도 좋지만 이건 너무한다.

2020년 3월 코로나 사태가 팬데믹으로 격상된 이후에도 독일에서는 마스크를 쓰는 사람이 거의 없었고 구하기도 어려웠다. 마스크가 없다고 하니 한국에서 택배로 보낸 거다. 눈을 맞추고 표정을 읽으며 토론하는 문화가 발달한 유럽에서 얼굴을 가리는 건 굉장히 부정적인 인식이 강하다. 입을 가리는 것에 대한 저항감이 컸던 탓이다. 동양 사람들이 눈을 마음의 창이라 부르고 눈으로 말한다고 하는 것과 달리 서양 사람들은 입을 보고 상대의 감정을 읽기 때문이다. 이모티콘을 보낼 때도 동양인은 눈에 중점을 두지만 서양 사람들은 입 모양을 중요시한다. 마스크는 테러리스트나 중증 환자가 쓰는 것이라는 인식이 강해서 코로나 초반에 마스크를 쓸 때 확진자로 오인하는 시선이 따가워서 용기가 필요했다.

세관에서는 한국에서 800원에 팔리는 마스크가 독일에선 4.95유로(5천 원도 넘는 가격)에 판매되고 있다면서 이렇게 가격 차이가 큰 물건은 독일에서 재판매할 가능성도 있고 200장은 한 가족이 쓰기에 너무 많은 양이라며 통과시켜 줄 수 없단다. 한국에서 마스크를 산 영수증도 보여주고 4인 가족이 쓰기에 절대 많은 양이 아니라고 사정사정했는데도 검증되지 않은 마스크는 EU 반입 금지 품목이란다. 그 당시 마스크 불법 거래가 많을 때라 단속이 강력하긴 했다. 정 안 된다면 기부라도 하겠다는데 규정상 어쩔 수 없다면서 한국으로 돌려보냈다.

택배의 주 품목은 남매의 한글책이지만 종종 독일에서 구할 수 없는 식재료들도 보낸다. 막내를 가장 아끼는 네 명의 친언니들이 돌아가면서 택배를 보냈다. 항공 운임이 비싼 탓에 가볍지만 독일에서 귀한 식재료들을 엄선한다. 말린 미역이나 다시마, 곤드레나물, 우거지, 무말랭이, 쥐포 같은 것들이다. 세관에서 툭하면 연락이 온다. 유럽에서 생산되지 않는 물품이 확인되었다면서 14일 안에 찾아가지 않으면 다시 돌려보내겠다는 무시무시한 협박이 담긴 편지다. 세관까지 찾아가 우거지는 무의 줄기이고, 무말랭이는 무를 말린 것이라는 것, 쥐치를 말린 것이 쥐포라고 일일이 설명하고 있으려면 답답하고 처량하기도 하지만 속으로는 제발 통과만 되길 간절히 바란다.

한번은 이런 일도 있었다. 20kg의 택배를 항공으로 보내면 20만 원이 넘는데 선박은 8만 원 정도로 저렴해서 무거운 책은 석 달 정도의 시간이 걸리더라도 배편을 이용한다. 내가 실수로 남편이 혼자 1년간 묵었던 에어비앤비 주소를 알려준 거다. 이사 온 곳의 주소가 같은 동네라 보낸 언니도 나도 눈치채지 못했다. 에어비앤비 주인에게 택배가 오면 받아달라고 부탁해 두었다. 코로나 때문에 늦어지는 거겠지 생각하며 이제나저제나 기다렸건만 다시 한 달이 흘러도 오지 않아 DHL에 전화를 했더니 마침 전날 한국으로 돌려보냈단다. 돌려보낸 이유는 주소와 사는 사람 이름이 달라 서란다. 넉 달이나 걸려서 도착한 물건을 그냥 되돌려 보내다니 이건 너무 심하지 않은가. 화가 난 채 언니에게 전화를 걸었다.

언니는 대번에 "아니, 왜 기사님은 전화를 안 하신다니!" 황당해하며 묻는다. 전화 한 번만 했어도 이런 비효율적인 일은 막을 텐데, '기사님이 전화를?' 생각도 못 했다. 독일은 개인 정보 보호 차원에서 우편물이나 택배 상자에 전화번호를 적지 않는다. 부재중이면 문자도 보내고 경비실에 맡겼다는 등 친절히 안내해 주는 한국의 서비스와는 차원이 다르다. 독일은 택배 기사님이 전화를 하지 않는다는 사실을 그제야 깨닫는다. 오누이는 매번 택배는 도대체 언제 오냐면서 오매불망 기다리지만, 이젠 넉 달쯤 기다리는 건 일도 아니다. 기대에 부푼 마음이 일순간 깨지지 않도록 세관에 추가 비용을 물더라도 받아오기만 하면 소원이 없겠다.

코비드 시대에 통관비를 지불해야 할 경우 무조건 우체국으로 찾으러 간다. 코로나 시국에 기사님이 돈을 주고받는 업무는 할 수 없단다. '그래, 합당한 가격을 지불하지 않고 무작정 편리한 서비스를 바라는 건 좋지 않은 거야' 서비스 실종 상황을 맞닥뜨릴 때마다 "서비스 service의 어원은 '노예'를 의미하는 라틴어 'Servus'다"라는 문구가 형광등처럼 머릿속에서 깜박거린다.

　　서비스라는 걸 눈 씻고 찾아도 없는 건, 노동자의 인권을 존중해서 그런 걸 거야. 집에서 편하게 택배를 받는 건 누군가의 노동이 필요한 일이니까. 무거운 상자를 우체국 앞에서 테이프를 박박 뜯어서, 자전거 양쪽 주머니와 아들, 남편 그리고 내 배낭에까지 사이좋게 나눠서 이고 지고 나르는 건 절대 억울한 일이 아니라고 주문을 외운다. 온 가족이 낑낑거리며 짐을 찾아 돌아오는 길, 집에서 편히 택배 받는 일이 당연한 일이 아니었음을 새삼 깨닫는다. 물론 힘들긴 하지만 덕분에 한국에서 온 택배를 오매불망 기다리는 시간을 통해 소중함은 몇 배나 더 커졌다. 집으로 돌아와 짐을 열자 차곡차곡 챙겨 넣은 언니들의 마음이 한가득 쏟아진다.

새로운 장소에서 분명 또 다른 행운과 매일 마주하게 될
거다. 밖에서 어떤 일을 겪든지 네 가족의 보금자리에는
그날의 추억이 차곡차곡 쌓여 가겠지.

PART 4

아직 우리에겐 무한한 가능성이 남아 있다. 어느 곳에서
살더라도 그곳에서 기쁨을 찾아낼 것이다.

비록 넉살 좋은 덕선이는 될 수 없지만

나의 인생 드라마 베스트 파이브를 꼽는다면 일단 박해영 작가의 〈나의 아저씨〉를 빼놓을 순 없겠다. 동훈역의 이선균이 지안역의 아이유에게 "그까짓 거 아무것도 아니야."라고 말해주는 장면을 좋아하는데 아무리 힘들어도 나를 이해해 주는 단 한 사람만 있다면 이겨낼 수 있겠다고 생각했다. 김수현 작가의 〈디어 마이 프렌즈〉에서는 나이든 배우들의 모습이지만 어떤 청춘보다 아름답게 느껴진다. 그리고 윤태호 작가의 〈미생〉과 이우정 작가의 〈슬기로운 의사 생활〉도 빼놓을 수 없다. 마지막으로 〈응답하라 1988〉은 한국이 그리울 때마다 넷플릭스로 다시 본다. 분명 아는 장면인데도 볼 때마다 웃음이 터지고 같은 장면에서 어김없이 눈물을 터트리고 만다.

극 중에서 덕선이는 택이를 따라 중국에 가게 된다. 중국어와 영어를 전혀 못 하는 덕선이가 호텔 프런트에서 팔뚝으로 엑스 표시를 하며 물이 하늘에서 떨어지는 시늉을 한다. "화장실 고장, 밤새 물이 졸졸졸 한숨도 못 잤어. 오케이? 방이 너무 추워." 몸을 감싸고 덜덜 떨면서 "얼어 죽을 뻔했어. 꾀꼬닥 입 돌아갔어. 입 돌아갔다고. 내 친구 대한민국 국보야 방 안 바꿔주면 외교 문제로 발전할 수도 있어. 방 바꿔 줘." 오직 오케이 한 단어만으로 온몸을 사용해서 결국 다른 방 열쇠를 얻어내는 장면이 내가 가장 좋아하는 부분이다.

나는 강한 외향형은 아니지만 좋은 사람과의 만남에 큰 의미를 둔다. 독일 오기 전, 마지막으로 살았던 경기도 양주는 미군 부대가 가까이에 있어서 미국인을 접할 기회가 종종 있었다. 놀이터에서 우연히 만난 다니엘은 남편을 따라 한국에 살게 된, 아이 넷을 혼자 홈스쿨링 하는 엄마였다. 오누이가 외국인이든 영어든 거부감이 없길 바라면서 자주 어울렸다. 독일어도 영어처럼 비슷하게 서툴더라도 하면 어떻게든 될 거라고 생각했다.

독일에 온 지 얼마 지나지 않아서였다. 출국 여섯 달 전에 미리 보낸 이삿짐이, 도착한지 두 달이 지나도 오지 않아 스트레스가 잔뜩 쌓여 있었다. 언어도 음식도 날씨도 모든 게 바뀐 환경에 적응하느라 힘들었던 탓일까. 심한 목감기에 걸렸다. 병원은 처음인지라 가까운 곳을 검색해서 그중 한곳에 남편이 전화를 걸었다. 독일에서는 무얼 하든 텔민(Termin 약속)이 중요하다고 들었기에 일단 예약이라도 할 생각이었는데 다행히 그날 진료가 비어있단다. 구글 지도를 따라가 보니 겉모습은 독일의 평범한 가정집들과 다르지 않았다. 병원이라는 간판도 보이지 않는데 구글 지도는 도착 신호를 보냈다. 아무래도 병원이 아닌 것 같아 구글의 신호를 의심하며 주변을 서성이며 여기가 맞는지를 여러 번 확인했다. 그제야 문 옆에 달아 둔 작은 병원명과 의사 이름이 보였다.

보험 카드를 접수하고 대기실에 들어가니 고요하게 순서를 기다리는 여덟 명의 사람이 있었다. 처음 와 본 티를 내지 않으려고 애쓰며 한 시간이나 기다려 진료실로 들어갔는데 의사가 묻는다. "임신하셨어요?" 두둥! 어쩐지

기다리면서도 이상하다는 느낌을 받긴 했다. 유독 여자들이 많다 싶었다. 태어난 지 얼마 되지 않은 신생아를 바구니에 넣고 온 엄마, 육십 대 이상으로 보이는 여자 두 명과 배부른 모양으로 봐서는 임신 7개월 이상으로 보이는 임산부 원피스를 입은 여성이 있었다. 남자는 남편 외에 단 한 명뿐이었는데 그마저도 아내의 보호자로 따라온 거였다. 어딘지 낯이 익은 풍경이다 싶었는데 아니나 다를까 산부인과였다.

우린 한 시간이나 엉뚱한 곳에서 기다렸던 거다. 그날은 하도 어이가 없어서 남편과 둘이서 웃고 말았지만 씁쓸했다. 앞으로 우리가 독일에서 하게 될 수많은 허튼짓의 예고편일지도 모른다는 예감이랄까. 어떻게 된 일이냐고 물으니 남편이 전화로 아내가 감기에 걸렸는데 진료를 볼 수 있느냐고 물었단다. 그랬더니 병원에서 당연히 된다고 했단다. 하긴 임산부도 감기에 걸리니까. 대뜸 내게 임신 여부를 묻던 온화한 인상의 의사 얼굴을 평생 잊지 못할 거다. 가정의학과와 산부인과 둘 다 1차 진료 기관(Praxis 프락시스)이지만 산부인과는 아츠트(Arzt 의사)에

여성을 뜻하는 프라우엔(Frauen)이 붙어 프라우엔아츠트 (Frauenarzt)다. 가정의학과인 하우스아츠트(Hausarzt)와의 차이도 구별하지 못할 때라 그저 산부인과 의사가 알려준 가정의학과로 황당해하면서 갔을 뿐이다.

두 번째 허튼 짓은 마샤라는 폴란드인 친구를 만나기로 한 날이었다. 마샤가 만날 장소를 버거 하우스(Burger Haus)라고 보냈기에 당연히 햄버거 가게인 줄 알았다. 언젠가 본 적이 있는 햄버거 가게를 떠올리고 가보니 상호가 '버거 그릴(Burger Grill)'인 거다. '어? 버거 하우스(독일어 발음은 버거가 아니고 부거)가 아니네. 이상하다.'라고 생각했는데 알고 보니 '뷔거하우스 (Bürgerhaus)'를 잘못 보낸 거였다. 독일어는 단어 위에 점 두 개(움라우트)가 있느냐 없느냐에 따라 전혀 다른 단어가 된다. 뷔거(Bürger)는 시민이라는 뜻으로 뷔거하우스(Bürgerhaus)는 시민회관이다. 만나기로 한 친구가 Bürgerhaus에서 움라우트 유(ü)를 u로 쓰는 바람에 버거로 오인하고 햄버거집 앞에서 만나자는 줄 알았던 거다. 햄버거처럼 기존에 알고 있던 영어가 독일어로는 완전히 다른 뜻으로 쓰여서 당황스러운 건 이뿐만이 아니다. 선물이라는 뜻으로 알고 있는 Gift는 독일어로는 '독소'라는 뜻이고 지옥이라는 단어로 알고 있는 hell은 '맑은' '밝은' '총명한'의 의미를 갖는다.

세 번째 허튼짓은 꽤나 서글프다. 어설픈 기억력을 못 믿어서 늘 뭔가를 적어야 안심인 사람인데 외국어로 쓰인 정보는 읽어도 까먹기 일쑤다. 특히나 독일어로 된 정보는 머릿속에 머무는 시간이 유독 짧은 것 같다. 오누이가 다니던 유치원과 학교에서 보내는 안내문은 또 어찌나 많은지. 한동안은 사전을 끌어안고 해석하느라 머리가 아팠다. 어느 정도 적응된 다음엔 꾀가 늘어서 대충 쓱 보면서 핵심만 파악했는데 그러다 중요 정보를 놓쳐 버린 거다. 수업 끝날 시간에 유치원에 갔는데 아이를 데리러 온 학부모가 한 명도 보이지 않았다. 나들이가 늦어지나보다 생각했는데 우리 아이만 선생님 차를 타고 유치원으로 돌아왔다. 어찌나 민망하고 서글프던지. 안내문을 제대로 숙지하지 못한 나에게 화가 났다. 특히나 입술이 비쭉 나온 딸아이에게 미안해서 어찌할 바를 모를 지경이었다.

드라마 속의 덕선이는 중국에 잠깐 들른 여행자였기에 별문제 없이 웃으며 상황이 끝났다. 여행자와 거주자의 언어는 확실히 다르다는 걸 이제야 깨닫다니! 독일어, 까짓것 못할 게 뭐 있을까. 하면 되지. 무식하면 용감하다는데, 야심 차게 들이댔지만 결과적으로 난 무식한 사람이 되어 버렸다. 〈응답하라 1988〉의 덕선이 같은 사람이 되고 싶었지만 여행자와 거주자가 필요로 하는 언어의 간격은 생각보다 넓었다. 일상의 언어는 용기만으로 헤쳐 나가기엔 지나치게 무거운 짐이었다. 이렇게 삽질의 추억을 쓰는 날이 오다니. 역시 시간이 약이라는 말은 진리인 걸까. 하도 허튼 실수를 많이 해서 이제 어지간해서는 부끄럽지도 않다. 내가 넉살 좋은 덕선이가 아니라는 사실을 받아들이니 분노로 몸을 떨거나 마음 다칠 일도 없다. 그냥 외국살이에서 생기는 당연한 일상이라 여긴다. 지랄맞은 독일어에 시원하게! 시베리아세끼 욕 한번 던지면서 견딘다. 독일어 실력 대신 욕만 늘고 있다.

이윽고 그리운 모국어

가족은 밤을 함께 보내는 사이다.

가족은 하나다.(각자 다른 곳에 있더라도 마음은 늘 같은 곳에 있다는 의미로)

가족은 밥을 함께 먹는 사이다.

가족은 방귀를 튼 사이다.

가족은 페르소나가 필요 없는 사이다.

동화책 『불량한 자전거 여행』에는 "가족은 밤을 함께 보내는 사이다."라는 구절이 나온다. 가족 첫 독서 모임에서 이 문장을 각자가 생각하는 "가족은 00이다."로 바꿔보았다.

뮌스터에 있는 한글 학교에 하루 다녀오면서 가족 독서 모임을 시작하게 됐다. 딸이 6학년 때 한국 친구들을 만나고 싶어 하기도 하고 늘 한글 공부가 신경 쓰이던 차라 기차 타고 1시간 걸리는 뮌스터까지 다녀온 거다. 한글 학교에 가보고 싶어 하는 아이의 열정이 사라지기 전에.

뮌스터 중앙역에서 버스를 타고 20분 정도 가면 초등학교가 있는데 그곳에서 토요일 오전 10시에 한글 수업이 열린다. 독일인과 결혼한 한독 가정의 자녀도 있고 성인반엔 독일인 배우자가 참여한다. 규모는 크지 않지만 아이들에게 모국어를 잊지 않게 하려는 마음이, 외국인 배우자의 언어를 이해하려는 마음이, 자녀에게 한국어(새로운 언어)를 가르치려는 모임이 반갑다. 딸의 모국어가 유창(이건 너무나 당연한 일)하고 받침 있는 한글도 꽤 잘 쓴다는 칭찬을 받은 게 가장 큰 수확이다. 초등학교 3학년 수준의 받아쓰기까지 어떻게든 끝내느라 엄마는 혈압이 여러 번 올랐다. 그걸 지켜본 큰아이는 동생이 한글 공부할 때 제일 불쌍했단다. 내가 아니면 누가 한글을 가르칠 것인가, 책임감과 스트레스가 막중했다.

모국어의 중요성을 늘 강조하고 집에서는 무조건 한국어만 쓴다. 어설프게 외국어를 섞어서 이도 저도 아닌 언어 사용은 나부터 하지 않으려고 한다. 문자와 카톡에서 틀린 맞춤법이 보이면 즉시 고쳐주고 모르는 속담이나 사자성어도 그때그때 설명해 준다.

딸에겐 초등학교 3학년까지 한글책을 읽어주었다. 임은하의 『복제 인간 윤봉구』도 읽어주고 유은실의 『마지막 이벤트』도 읽어주었다. 딸은 특히나 캐릭터가 뚜렷하고 스토리가 흥미진진한 책을 좋아했다. 아이에게 책을 읽어주다 보면 목이 아프고 에너지가 모조리 방전되는 느낌이지만 어떻게든 끝까지 읽어주었다. 『불량한 자전거 여행』을 마지막으로 딸은 읽기 독립을 했다. 이 책은 큰 아이가 동생을 위해 추천했는데 읽어준 나도 옆에서 듣던 남편도 어떤 가족에게나 일어날 법한 호진이 가족의 스토리에 깊이 공감했다.

한글 학교에서 돌아오는 길에 우리끼리 독서 모임을 해보자는 이야기가 나왔다. 남편이 예전에 독서 토론 강사로 활동한 경험을 되살려서 논제를 뽑았다. 각자 바쁘다는 이유로 흐지부지될 뻔했지만 실행력 높은 엄마가 각자에게 역할 분담을 맡기면서 기가 막히게 살렸다. 첫 번째 책은 가족 모두가 좋아하는 『불량한 자전거 여행』으로 골랐고 매월 셋째 주 토요일에 독서모임을 갖기로 했다.

딸은 하단에 펼쳐진 책모형에 글자가 있는 신문을 오려 붙여 입체적이고 멋스러운 포스터를 뚝딱 제작했다. 어떤 의미냐고 물으니 책을 읽으면서 글이 내게로 튕겨져 나오는 걸 표현했단다. 한두 번 하고 말까 했는데 12월의 책까지 빈칸을 써두었으니 어떻게든 하게 될 거다. 2월은 트리나 폴리스의 『꽃들에게 희망을』로 3월은 그림책 로버트 먼치의 『언제까지나 너를 사랑해』로 정하고 간식을 푸짐하게 준비하기로 했다.

첫 독서 모임은 무려 1시간이나 진행되었다. 진행자인 남편이 모임을 하는 동안 존댓말을 쓰자고 제안을 했더니만 갑자기 공손한 분위기로 바뀌면서 자신의 생각을 진지하게 말하는 자리가 되었다. 다섯 개의 논제는 가족 톡 방에 미리 공유하고 책에서 가장 인상 깊었던 구절을 읽고 이유를 말하거나 인상적인 인물이 누구인지 이야기했다. 딸은 집을 나온 조카 호진이의 옆에서 아무것도 캐묻지 않고 스스로 자전거 여행의 매력을 느낄 수 있도록 묵묵히 돕는 삼촌이 인상적이라고 했다. 마냥 어리게만 생각했던 딸아이가 자신이 느낀 바를 또박또박 말하는 모습에 살짝 감동했다. 사회적 잣대로는 불량품 취급을 당하는 호진이의 삼촌이 운영하는 자전거 여행에는 각자 삶에서 상처받은 사람들이 모여들어 치유의 힘을 경험한다.

앞으로도 독서 모임이 계속되어 서로의 속내를 드러낼 수 있는 시간이 이어지길 바랐다. 집 밖이 전쟁터같이 느껴질 때가 있다. 박완서 작가님은 모국어를 산소호흡기 같다고 표현하셨는데 어쩜 그렇게 딱 맞는 비유를 하셨을까. 신경을 곤두세우지 않고도 의사소통이 가능한 모국어가 있다는 건 특별한 도구 없이도 숨이 잘 쉬어지는 것과 같다. 독일어라는 수류탄에 온몸이 멍든 날, 극심한 피로감에 시달리다 페르소나가 전혀 필요 없는 곳으로 피신하며 비로소 안도한다.

독일에서 셀프 이사는 처음이라

　2020년 여름에 브레멘 근처 슈바니베데에서 네덜란드 근처 슈토프로 이사했다. 지난 1년 동안 나와 애들은 슈바니베데에서 남편은 슈토프에서 지냈다. 슈토프는 브레멘에서 남서쪽으로 250km 떨어진 곳이다. 독일 회사는 최소 3개월에서 6개월의 프로베짜이트(probezeit 수습 기간)를 통해 회사와 직원의 합을 맞추는데 경력직도 예외는 없다. 이전의 두 군데 회사에서는 안타깝게도 수습 기간을 통과하지 못했던 아픔이 있는지라 마음 졸였었는데 이번에 드디어 6개월의 수습 기간을 통과했다. 정식으로 계약서에 사인을 하고서야 남편은 한시름 놓을 수 있었다. 가족 모두의 행복을 위해 독일까지 건너왔는데 뜻하지 않게 주말부부로 지낼 수밖에 없었던 이유다. 이제는 가족 모두 함께 살 수 있겠다며 남매의 새 학년이 시작하는 8월 전에 이사하려고 본격적으로 집을 알아보기 시작했다.

독일도 집 구하는 일이 쉽지 않은데 작은 마을인 슈토프라도 만만치 않았다. 집을 구하려는 사람에 비해 집이 턱없이 부족하기 때문이다. 몇 달 만에 마침내 이베이에서 적당한 집을 발견했다. 초등학교와의 거리는 자전거로 10분 거리이고, 김나지움은 대중교통을 이용해서 30분 거리, 남편 회사는 자전거 타고 15분이면 간다. 기차역도 가깝고 마트가 있는 중심가도 걸어서 5분이라 위치적으로 아주 훌륭하다. 마음에 드는 집을 발견했다고 끝이 아니다. 독일에서는 집주인이 인터뷰를 통해 원하는 세입자를 고른다. 한국처럼 공인중개사를 통해 가격과 조건만 맞춰 들어가는 식이 아니다. 세입자를 한번 들이면 마음에 들지 않는다고 함부로 내보낼 수 없고 월세도 올릴 수 없게 법이 세입자를 보호하니 주인 입장에서 최대한 신중할 수밖에 없다. 회사 계약서와 월급 명세서(월세 지불 능력 확인용) 그리고 신용 등급 서류까지 꼼꼼하게 살핀다. 남편만 슈토프에 살 때라 인터뷰는 퇴근 후에 혼자 갔다. 우리 부부보다 젊은 집주인은 오래 살 세입자를 원한다면서 다시 한국으로 돌아갈 계획이 있는지 여부도 물었단다. 정확히 몇 명이나 인터뷰를 했을까. 혹시라도 외국인이라서 탈락하면 어쩌나. 얼마나 조마조마한 지 오케이 사인을 받을 때까지 무슨 입시 시험 치르는 기분이었다.

이사할 집이 결정된 후엔 남매의 학교를 알아보고 버릴 짐과 가져갈 짐을 정리했다. 해외 이사를 해낸 나인데 고작 이 정도쯤이야 아무것도 아닐 거라며 호기롭게 생각했었다. 물론 포장 이사를 선택할 수도 있지만 독일에서는 이사 업체 비용이 상당히 많이 든다. 이사할 집까지의 거리와 짐의 규모에 따라 비용이 다르지만 인건비 비싼 독일에서는 한국에서 이용하던 포장이사 비용으로 비슷한 서비스를 기대하기 어렵다. 그래서 지인들의 도움을 받아 셀프 이사를 하는 편이다. 화물차(LKW, Lastkraftwagen) 면허증이 있는 경우 대형 트럭을 대여해서 직접 짐을 옮긴다. 주인집 피터는 일할 때 쓰는 차 뒤에 트레일러(Anhänger 안행거)를 연결하고 동료 피단의 차까지 총 두 대를 이용해서 우리의 이삿짐을 옮겨주겠다고 제안하셨다. 피터는 마리타가 돌아가신 후 집을 처분하고 작은 집으로 옮긴다면서 우리에게 필요한 가구나 물품이 있으면 얼마든지 가져가라고 하셨다. 덩치가 큰 식탁이나 소파는 일찌감치 포기하고 분해가 가능한 침대 두 개, 작은 냉동고와 부엌 살림살이를 챙겼다.

알고 보니 처음 살았던 슈바니베데는 운이 좋았던 거였다. 텔레비전과 세탁기 냉장고 전자레인지 청소기 거실장과 식탁부터, 냄비와 접시 후라이팬과 소소한 부엌살림까지 모두 갖춰져 있었다. 독일에서는 이사할 때 부엌은 물론 세면대와 변기까지 떼어가는 경우가 많은데 다행히 새로 이사할 집에 살던 세입자에게 '부엌'을 살 수 있었다. 인덕션, 냉장고, 싱크대와 오븐과 식기세척기까지 포함된 부엌이 1,200유로(대략 150만 원)였다. 제일 중요한 세면대와 변기도 있었다. 살던 집에서 가져오지 못한 소파는 벼룩시장에서 저렴하게 구입하고 옷장은 이케아에서 주문했다. 남편의 3주간의 여름휴가는 종이 박스 마흔 개의 이삿짐을 싸고 새로운 집에 짐을 풀고 가구를 조립하는 데 몽땅 썼다.

이사를 직접 하는 일이 과연 가능할까, 몇 달 전부터 혼자만 스트레스를 엄청 받았다. 어디서부터 어떻게 시작해야 할지 감이 없었는데 일감 목록 리스트를 짜고 매일 조금씩 버릴 건 버리면서 짐을 싸다 보니 이사하는 날은 당도했고 또 지나갔다. 다시는 독일에서 셀프 이사는 못 하겠다고 힘들어 죽겠다는 엄마에게, 딸은 "아빠랑 같이 살려면 이 정도 대가는 치러야 하지 않을까."라고 기특한 말을 했다. 그래, 가족이 함께 살 집으로 가기 위해서는 가족 모두가 힘을 모아야만 했던 거다. 그렇게 생각하기로 했다.

슈바니베데를 떠나는 날 친구 피트라는 행운을 빈다며 "노이어스 슈필 노이어스 글뤽!" (Neues Spiel, neues Glück 새로운 놀이엔 새로운 행운이)이라는 말을 해줬다. 새로운 놀이를 할 땐 새로운 운이 필요한 것처럼, 새로 이사한 곳에서 많은 기회가 있기를 바란다는 의미다. 그녀의 말처럼 친절한 사람들을 만나 이사오길 참 잘했다고 생각하며 행복한 날들을 누릴 수 있길 바란다. 오누이가 학교에서 좋은 친구들과 선생님을 만나 즐겁게 생활할 수 있기를. 그곳에서도 피터나 마리타처럼 친절한 집주인을 만나기를 바란다. 아이들 역시 그들에게 좋은 친구가 되어줄 수 있기를, 나 역시 친절한 이웃이 되어줄 수 있기를 소망한다. 새로운 장소에서 분명 또 다른 행운과 매일 마주하게 될 거다. 밖에서 어떤 일을 겪든지 네 가족의 보금자리에는 그날의 추억이 차곡차곡 쌓여 가겠지.

승승장구했다면 과감히 떠나지 못했을지도
(조커 두 장과 백호당 할머니)

독일에 도착하고 한 달 뒤 남편이 뜬금없이 조커 카드를 한 장 내민다. 새로운 땅에 착륙한 자신과 내게 행운이 가득하길 바라는 의미로 한 장씩 간직하자고 한다. 독일에 올 때 비행기에서 오누이와 카드 게임을 했는데 조커만 몰래 챙겼단다. 이런 게 무슨 효력이 있다고, 속으로 참 실없다 생각하면서도 조커 카드를 지갑 안쪽에 넣는데 문득 백호당 할머니가 떠올랐다.

서른일곱에 처음으로 점집을 찾았다. 절에만 가도 부처님상이 무섭고 향냄새가 낯선, 독실한 기독교인이었던 사람이 점집을 찾을 땐 내가 가는 길이 최소한 낭떠러지는 아니라는 확인을 받고 싶은 마음이었다. 첫아이에 이어 둘째 아이까지, 3년이라는 절대 양육 기간을 지키고 싶은 마음은 팍팍한 살림에 종종 사치로 느껴졌다. 점점 사라져 가는 듯한 존재감을 어떻게든 붙들고 싶어서 글을 썼다. 벌이가 불안정한 남편을 대신해 돈 벌러 나갈 용기도 없고 남편을 집에 들여 앉힐 배포는 더더욱 없었다. 이러지도 저러지도 못하는 답답한 마음에 점집을 갔던 모양이다.

그 무렵 남편은 남들이 부러워하는 대기업을 제 발로 박차고 나온 지 5년째였다. 헤드헌터로 전향하면서 기본급도 없는 프리랜서라 안 그래도 수입이 들쑥날쑥했는데 사정은 갈수록 어려워졌다. 그래서 독서토론 강사부터 과외 그리고 통·번역까지 닥치는 대로 일을 했다. 그때 한창 유행이었던 1인 기업을 꿈꾸면서. 남매는 쑥쑥 자라고 아파트 대출금도 갚아야 해서 돈 들어갈 곳이 많은데 수입은 불규칙하니 꼬박꼬박 들어오던 월급의 소중함을 깨달았을 땐 이미 늦었다. 조직을 떠난 지 오래라 재취업은 낙타가 바늘귀에 들어가기보다 더 어렵고 지원하는 곳마다 쓴잔을 마시는 남편의 낙담만 커졌다. 점점 자신감을 상실하는 남편을 보는 건 괴로웠다. 조직에 미련을 두는 게 못마땅

했지만, 남편이 1인 기업의 대가인 구본형이나 찰스 핸디가 아니라는 것을 인정하는 일은 더 견디기 힘들었다. 아이가 유치원에 가면서 틈틈이 과외도 하고 도서관 강의도 다녔지만 가계에 큰 도움은 되지 못했다.

만약 남편이 조직을 떠나지 않았다면 경제적으론 풍요로웠겠지만, 아이는 갖지 못했을 거다. 남편이 회사에 다니는 동안에 두 번의 유산을 겪었다. 퇴사한 이듬해 아이가 선물처럼 찾아왔다. 습관성 유산일까 봐 병원에서 유산 방지 주사를 맞으며 아이를 건강하게 지켰다. 억만금과도 바꿀 수 없는 소중한 아이였기에 임신한 후에 망설임 없이 하던 일을 내려놓았다.

경제적으로 불안했지만 아이와 시간을 많이 보낼 수 있었다. 살림이 빠듯해도 현재의 행복을 유보하지 않으며, 돈은 언제라도 벌 수 있다고 애써 호언장담하던 대책 없고 지금보다 젊었던 부부는 시간이 있을 때 떠나자며 산으로 바다로 자주 여행을 다녔다. 프리랜서라 시간이 자유로운 덕에 남편은 육아에 적극적으로 동참했다. 우린 한국에서도 이미 '저녁이 있는 삶'을 살았다. 적게 벌고 조금만 소비하고 저녁은 함께 먹는.

언제나 가족을 먼저 생각하는 남편은 우리 모두가 행복하게 살 방법을 모색했다. 가진 재산이 많지 않더라도, 더 높이 올라가고 더 많이 가지는 것만이 전부가 아닌 장소를 꿈꿨다. 그곳이 독일이었다. 영미권 국가에 비해 언어만 통하면 진입장벽이 낮은 편이었고 독일 교육에 믿음이 갔다. 아프거나 나이가 들었을 때 돈이 없어서 의료 혜택을 받지 못하는 일이 없고 사교육을 하지 않더라도 누구나 공평하게 교육의 기회를 갖기를 바랐다.

한국에 머물렀다면 남편은 끊임없이 자격지심에 시달렸을 거다. 남편은 40대 중반의 나이였지만 독일 유학을 준비하며 삶의 활력을 되찾았다. 승승장구했다면 과감히 떠나지 못했을 거다. 떠나지 않았다면 독일에서 누리는 기쁨을 맛보지 못했을 거다. 아이들은 사교육의 스트레스에서 해방되어 공부 외에도 다양한 경험을 누리며 자유롭게 자란다. 매달 꼬박꼬박 입금되는 자녀 양육비는 살림에 큰 도움이 된다. 남편은 일주일에 서른다섯 시간만 근무하면 되고 거기에 일 년에 여섯 주라는 넉넉한 휴가가 주어지기에 스트레스는 줄었고 표정은 여유로워졌다. 물론 다른 피붙이들과 이역만리 떨어져 살기에 자주 외롭고 고향이 그립다. 배워도 배워도 끝날 것 같지 않은 외국어 스트레스는 기본값으로 치르면서 말이다.

영원히 이방인으로 살아야 한다는 설움이 찾아올 때마다 독일에 도착한 한 달 뒤에 남편이 건넨 조커를 꺼내본다. 외국에서 살면 더 잘 살 거라던 백호당 할머니의 말을 떠올린다. 아직 우리에겐 무한한 가능성이 남아 있다. 어느 곳에서 살더라도 그곳에서 기쁨을 찾아낼 것이다.

백설 공주와 지루한 천국

『백설 공주는 왜 자꾸 문을 열어 줄까』는 친근한 동화 속 인물들을 사회적 관점에서 바라본 에세이다. 라푼젤은 탐스러운 머리카락을 누구를 위해 길렀을까, 신데렐라는 뒤꿈치가 까질 것만 같은 불편한 유리 구두를 정말 신었을까. 뜻밖의 질문을 던져 생각에 잠기게 만든다. 난쟁이들과 사는 백설 공주의 일상이 얼마나 외로울지 상상하지 못했다. 죽을 고비를 몇 번이고 겪으면서도 그녀가 자꾸 문을 열어주는 이유는 지독한 정신의 허기인 외로움 때문이었다.

"친구 없이, 친밀한 경험을 공유한 사람과의 교류 없이 지내는 백설 공주의 일상"을 생각해 보라면서. 한국의 친구가 이 부분을 읽다가 내 생각이 퍼뜩 났다면서 밑줄 그은 문장을 카톡으로 보내왔다. 남편이 얼마나 잘해주는지, 아이들이 얼마나 잘 자라는지와 별개로 항상 가슴 한 구석이 뻐근했던 이유가 뭔지 알겠다. 아마 나 역시 누군가 독 사과를 준다고 해도 다정하게 이름을 부르고 친절하게 말을 건다면 덜컥 문을 열어주고 말 거다.

잘 지내냐는 별거 없는 인사에 "그럼 난 잘 살지."라고 일부러 한 옥타브 올려 과장되게 답했다. 독일이 얼마나 좋은 줄 아냐고 애들은 그 어려운 독일어 시험에서 좋은 성적을 받았고 독일에서도 여전히 반짝반짝 빛난다고. 남편도 오후 4시면 퇴근해서 저녁이 징하게 있는 삶을 산다고. 물론 거짓말을 한 건 아니지만 나 외의 가족들이 잘 적응해서 산다고 나까지 괜찮은 건 아니었다.

괜찮은 척했던 게 들통났다. "너 참 외롭겠구나!"라는 직설적인 말보다 백설 공주의 사례로 밑줄 그은 문장으로 마주하니 나도 미처 자각하지 못한 지독한 외로움을 알아준 친구가 고마워서 코끝이 시큰거렸다. 종종 감옥살이하는 기분이 들었는데 바로 그거였다. 한국에 있는 언니들과 통화하면서 집은 궁전이고 주변 환경은 끝내주는데 정작 커피 한잔하며 모국어로 수다 떨 친구 하나 없어서 쓸쓸하다고 하소연했다. 여타의 수감자와 차별점이 있다면 사식을 내가 스스로 지어먹는 것 정도라며 말도 안 되는 농담을 던지며 웃곤 했다.

어설픈 독일어로 대화하는 것도 지겨웠다. 친근한 모국어로 내키는 대로 편안한 이야기를 나누고 싶었다. 독일인 친구를 만나 대화를 하고 나면 온몸에 기가 빠져나가는 기분이었다. 때로는 토할 거 같은 기분이 들어 드러눕거나 한국 드라마를 틀어 수혈을 해야 했다. 시간이 아무리 많아도 독일어에 시간을 내어주긴 싫었다. 어떻게든 해보려고 해도 도무지 나아질 기미가 보이질 않아 미칠 것만 같았다.

백설 공주는 그나마 자식이 없으니 난쟁이들을 두고 왕자님을 찾아 어디라도 도망칠 수 있을 텐데 난 혹이 둘이라 차마 떠나기도 어렵다. 해가 갈수록 귀가 시간이 늦어지는 남매와 남편의 퇴근 시간만 기다리며 5분 대기조처럼 밥을 차려내는 일상에 미칠 것만 같았다. 새벽같이 일어나 세 개의 도시락을 싸고 아침을 차린다. 식기세척기에서 식기를 꺼내 정리해 두고 날이 좋을 땐 발바닥이 아플 때까지 걷고 돌아온다. 빵을 굽거나 멀쩡한 원피스를 뜯어 손바느질로 쿠션 커버를 만들었는데도 아직 해가 중천이다.

그랬던 내가 탈옥에 성공하게 되는데 그건 바로 독일 로컬 식당에 취업하면서다. 프랑크 도브(Frank Dove) 식당은 결혼식이나 생일 파티 같은 행사가 있을 때 예약제로 운영된다. 프랑크는 자기 이름을 건 식당을 25년째 고향에서 운영하고 있는데 나는 이곳에서 셰프 보조로 일한다. 독일에서 왜 일을 하고 싶은지 이해하지 못하는 지미 언니는 그렇게 공부를 많이 하고는 부엌일이냐며 지청구를 주지만 독일어도 서툰 내겐 감지덕지다. 딱 보기에도 일머리 없어 보이는 내게 부엌일이라도 내어준 셰프가 눈물 나게 고맙다. 첫 월급봉투를 건네받은 남편의 눈시울이 어느새 붉어졌다. "뭐야, 돈 벌어오니까 감동의 눈물을 흘리는 거야?" 남편은 돈이 문제가 아니라 그렇게 일하고 싶어 했는데 드디어 독일에서 일이라는 걸 할 수 있게 되어 기쁘단다. 솔직히 돈도 좋았겠지. 혼자 가장의 무게를 감당하느라 버거운 짐이 1그램은 덜어졌으려나. 독일에서 더 이상 못 살겠다고 울며불며 폭발하던 모습을 지켜보던 자의 눈물이다. 우울증 약에 의지해서 넘긴 밤을 아는 이의 눈물이다. 도움이 되지 못해 발을 동동거리던 사람의 기쁨이다.

한국에 가겠노라고 협박을 일삼는 아내 때문에 얼마나 불안했을까. 언젠가 두레박을 타고 하늘로 올라갈까 봐 두려운 마음에 선녀의 날개옷을 꽁꽁 숨겨둔 나무꾼처럼 어떻게 하면 마누라가 이곳에 마음을 붙일까 매일 가시밭이었겠다. 엄마가 한국에 가면 너희들은 어쩔 거냐고 진지하게 물었더니 남매는 독일에 남겠단다. 배은망덕한 자식들. 그렇다면 우린 함께 살긴 어렵겠다고 십 대가 되었으니, 엄마는 엄마의 길을 가겠노라며 호기롭게 말했지만 난 가족과 헤어져서 아무렇지 않게 살 수 있는 인간이 못 된다.

한국으로 돌아 갈래를 외치는 내게 "네 식구가 있는 집이 네가 있을 곳"이라는 언니 말이 맞았다. 한국에 가자마자 집에 오고 싶어서 안달이 났었다.

　배달시킬 곳이 없어서 매일 끼니를 차리지만 일주일에 하루는 빵 구울 여유가 있다. 남매가 등교한 후엔 남편이 내려준 커피를 여유롭게 마신다. 남매의 등교가 빠른 편이고 부부의 출근이 상대적으로 늦어서 가능한 일이다. 매주 목요일 밤엔 남편과 함께 요가 수업에 간다. 한 시간 반의 요가 수업을 마치면 어느덧 밤이다. 머리맡으로 쏟아질 것 같은 별을 보며 집에 온다. 머리부터 발끝까지 개운해진 몸으로 고요한 밤공기를 마시면 하늘의 별만큼 행복이 느껴진다. 이사 와서 심은 체리 나무 두 그루에다 드럼통에 받아둔 빗물을 준다. 긴긴 겨울밤엔 초를 켠다. 물과 전기는 최대한 아끼며 환경을 생각한다. 고요하고 느린 독일 생활의 템포가 내 몸에 최적화된 것인가. 지랄맞은 독일어를 꾸역꾸역하더라도 육체노동으로 손목이 시큰거리더라도 지루한 천국이 낫겠다. 가을의 낙엽처럼 바싹 타들어 가던 내게도 조금씩 물이 오른다.

독일 거주 한국 엄마
4인 4색 인터뷰

독일이 선진국이라고
느끼는 순간은 언제인가요?

특별한 아이, 다운 천사를 키우는 엄마 김신혜

김유진 안녕하세요. 신혜 님 소개 부탁드려요.

김신혜 전 다운증후군 딸을 키우는 김신혜입니다. 흔히들 다운증후군 하면 납작한 코, 눈과 눈 사이가 멀고 입이 벌어진 걸 생각하는데 21번 염색체가 하나 더 있어서 그렇지만 사실상 다 그런 건 아니에요. 다희는 부모의 유전자를 골고루 물려받아서 엄마의 야무진 두상과 얇은 입술, 아빠의 쌍꺼풀 없는 눈을 닮았어요. 얼마 전 병원에 갔는데 마침 의사가 다희를 보고 베존더러스 킨트(besonderes Kind)라고 부르는 거예요. 독일어 베존더(besonder)는 '특별한' 킨트(Kind)는 '아이'라는 뜻이랍니다. 인지나 언어, 신체 발달이 좀 늦지만, 넘어진 친구를 보면 누구보다 먼저 달려가서 안아주고 쓰다듬을 줄 아는 공감 능력이 뛰어난 아이예요.

며칠 전, 길을 가다가 백발의 어머님이 성인이 된 다운증후군 아들을 데리고 가는 걸 본 적이 있어요. 혹여나 다른 사람에게 피해를 줄까 봐, 아이를 한쪽에서 꽉 붙드시더라고요. 그 모습이 먼 미래의 제 모습이라고 생각하니 더 애틋하게 바라봐졌어요. 그렇게 꽉 잡지 않으셔도 된다고 하면서 제 딸도 다운증후군이라고 말해줬어요. 그때 서로 공감했던 그 눈빛을 잊지 못해요.

김유진 다희를 처음 만난 순간의 이야기를 들려주시겠어요?

김신혜 임신 기간에 딸인지도 다운증후군이라는 것도 몰랐어요. 간호사가 제 품에 아기를 안겨줬는데 벅찬 마음으로 품에 안은 딸을 보자마자 "다운증후군이야!"를 외쳤죠. 옆에 있던 남편은 갓 태어난 딸에게 할 소리냐며 화를 냈지만 사실이었어요. 두 아들을 낳았던 경험으로 확연하게 다르다는 걸 대번에 알아챘어요. 전 혼란스러웠는데 의사와 간호사의 아무렇지도 않은 태도에 놀랐어요. 오히려 당황하는 저를 이해하지 못하는 눈치였어요. 그들의 분위기에 휩쓸려 저도 모르게 억지로 아무렇지 않게 받아들여야 하는 건가? 잠시 머뭇거렸던 게 기억나요.

김유진 다희가 네 살 때 심장 수술을 했다고요?

김신혜 다운증후군 아이는 심장에 구멍을 갖고 태어나요. 보통은 아이가 태어날 때 크게 울며 호흡하는 순간 구멍이 막히는데 다운증후군 아이는 그럴 힘이 없어서 막히지 못하나 봐요. 다희는 심장에 구멍이 다섯 개나 있었어요. 그 당시엔 하지 않아도 될 수

술을 해야 하는 건 아닌지 괴롭고, 생후 5개월 즈음에 구멍이 막혀 건강하게 지나가는 사례가 있다기에 간절한 마음으로 기도했어요. 아기 심장에 칼자국을 낸다고 생각하니 견디기 힘들었어요. 지금은 가슴의 흉터 자국을 확인하지 않는 이상 심장 수술을 했는 줄도 모를 만큼 건강해요. 뜀박질도 오빠들보다도 더 잘해요.

김유진   다희보다 위의 두 형제가 오히려 걱정된다는 말이 무척 반가웠어요. 그만큼 독일에서 다희를 위한 복지가 잘 되어 있다는 거니까요. 다희가 태어나서 지금까지 어떤 도움을 받고 있나요.

김신혜   독일에서 외국인으로서 어떻게 아이를 돌봐야 할지 막막했어요. 다희를 낳고 집으로 오기 전 피검사를 했는데 한 달 후 다운증후군이 확실하다는 결과가 나왔어요. 병원에서 다희가 받아야 할 검사를 일일이 챙겨주고 병원에 갈 때 동행해 줄 플레거린(Pflegerin 돌보는 사람 혹은 간호 요원)이 일주일에 한 번씩 집에 방문해요. 병원과 연결된 적십자에서 나오신 분인데 집에 오셔서 다희가 받아야 할 심장 검사, 청력검사, 피검사, 성장 발달검사 등의 스케줄을 병원과 연락해서 잡아 주세요. 병원 진료 시에는 함께 가주고요. 아이를 저 혼자 감당하는 게 아니라 누군가 옆에서 함께 해주니 큰 힘이 됐어요. 다희의 물리치료실도 알아보고 예약해 주셨어요.

생후 6개월부터 유치원에 갈 때까지 치료 교육 기관(Heilpädagogischzentrum 하일페다고귀쉬첸트롬)에서 나오신 분이 일주일에 한 번씩 방문하셔서 소근육 발달을 도와주세요. 유치원에 다니는 지금은 물리치료사와 언어치료사가 일주일에 한 번씩 다희를 만나요. 신체 발달에 도움이 되는 물리치료는 평생 무료로 이용할 수 있어요.

김유진 다희가 조금 늦된 아이일 뿐, 장애 아이라는 걸 자주 잊게 된다고요. 그만큼 사회적 시선이 성숙하다는 반증일 텐데 독일 사회가 선진국이라고 느껴질 때가 언제인가요.

김신혜 솔직히 다희를 낳기 전에는 독일이 선진국이라고 잘 느껴지지 않았어요. 한국보다 인터넷도 느리고, 관공서에 가면 일 처리도 몇 날 며칠 걸리고 서비스가 전혀 없는 문화라 불쾌했던 경험이 많아요. 다희를 낳고 '아, 이래서 선진국이구나.'라고 느꼈어요. 다희를 출산한 병원만 해도 의사나 간호사 모두 평범한 아기로 대해줬으니까요. 독일에서는 아이가 태어나면 정부에서 양육비를 지원해 주는데 다희는 거기에 보조금까지 받아요. 덕분에 면역력이 약한 다희에게 글리코가 들어간 건강기능식품을 사 줄 수 있어요. 겨울이면 여지없이 찾아오던 감기도 잘 걸리지 않아요. 장애인 카드로 기차, 버스, 트램을 독일 전국 어디를 가더라도 무료로 탑승할 수 있고요. 단 다희와 보호자 한 명이지만 그 덕분에 물리치료를 다닐 때 도움이 많이 됐어요. 무엇보다 다희와 어디를 가도 시선에서 자유롭다는 점이 좋아요. 무례하게 보는 사람도 없고 오히려 눈이 마주치면 웃으며 인사해 주니까요.

김유진 큰아이 반에 몸이든 마음이든 아픈 아이가 한 명은 있었는데 전담 선생님이 꼭 계셨어요. 다른 아이들과 차별 없이 같은 공간에서 공부할 수 있다는 게 놀라웠어요. 다희는 어떤 유치원에 다니나요?

김신혜 통합 유치원에 다녀요. 정원이 스무 명인데 비장애인 아이가 열다섯 명이고 특수 아이가 다섯 명이에요. 선생님은 총 세 분이 계세요. 전담 선생님이 필요할 경우 무료로 신청할 수 있는데 전 다희가 잘 따라가리라 믿고 따로 신청하지 않았어요. 지금까지는 다희가 대부분 잘하고 있다고 선생님께서 말씀해 주셨어요.

김유진 아무리 독일의 복지가 좋더라도 엄마가 감당하거나 힘든 부분이 존재할 텐데. 현재 가장 걱정되거나 힘든 부분은 어떤 부분인가요.

김신혜 늦된 아이이기 때문에 모든 면에서 인내하며 집에서도 끊임없이 노력해야 하는 부분이 쉽지는 않아요. 무한 반복이지요. 특히 언어 발달 속도가 느리니 다른 두 형제보다 몇 배는 더 많이 말해줘요. 산책길에 만난 강아지를 보면 "강아지가 작고 귀엽네." "다희처럼 아가인가." 쉼 없이 말해줘요. 예쁜 꽃을 보게 되면 꽃 가까이에 가서 만져보고 향기도 맡아보며 그 자리에 오래 머물러 있어요. 생활에서 알려줄 수 있는 걸 함께 느끼려고 노력해요. 바지를 입는 법도 무한 반복해야 하고요. 발 한쪽 넣기까지도 오래 걸렸어요. 한 백 번은 같은 말을 반복하니 힘들죠. '이걸 더 해야 한다고?' 부아가 치밀어요. '다른 두 형제와 달리 다희는 늦된 아이일 뿐이다.'라는 주문을 매일 외워요. 좀 더 기다려 주고 반복해서 얘기하면 결국엔 해내요. 힘들다고 속상해하고만 있을 수는 없으니까요.

독일에서 이방인이라서
힘든 점은 바로 이것입니다.

하이델베르크 초밥집의 전도사 **육은정**

김유진 은정 님, 자기소개 부탁드려요.

육은정 하이델베르크에서 남편과 11살 딸, 7살 아들과 살
고 있는 독일 거주 10년 차 육은정입니다. 초창기
에는 육아와 살림을 하면서 한인교회에서 어린이
부서 담당 전도사로 사역했어요. 현재는 다름슈타
트 중앙교회에서 영유아부 전도사로 섬기며 2019
년부터 잇 해피(eat happy)라는 초밥 회사에서 일
합니다. 외국에서 살고 싶다는 생각을 한 번도 해
본 적이 없는 저와 달리 남편은 독일에서 유학하는

게 꿈이었대요. 남편이 독일에서 유학을 하겠다고 했을 때 깊이 생각해 본 적이 없어서 오히려 쉽게 승낙한 것 같아요. 그땐 많이 순진했던 것 같습니다. 이렇게 오랫동안 독일에 살게 될 줄 몰랐습니다.(웃음)

김유진   전도사와 초밥 회사 직원, 완전히 다른 직업군인데 두 가지를 병행하시는 이유가 궁금합니다.

육은정   독일 교회는 평일 사역이 거의 없고 주일만 일하니까 상대적으로 시간적 여유가 있어요. 남편이 목회자지만 한인 교회 형편이 그리 넉넉한 편이 아니라 경제적인 부분도 크고요. 비자 문제도 해결해야 해서 취업을 했답니다. 한인분들도 취업했을 때 엄청 축하해주셨어요. 저를 시작으로 용기를 얻어 잇 해피에 취업한 사모님들이 꽤 있어요.(웃음)

김유진   '유학생의 아내'란 이름으로 블로그에 글을 쓰셨죠?

육은정 남편이 독일에서 신학 석사 과정을 끝내는 데 7년
이 걸렸어요. 교회에서 사역하면서 공부를 하는 거
라 쉽지 않았습니다. 독일 대학원이 논문 쓰고 졸업
하기까지 만만치가 않은데 일과 공부를 열심히 하
는 걸 잘 아는지라 빨리 끝내라고 재촉할 수 없었
답니다. 그래서 유학생의 아내로서 독일에 적응하
면서 겪은 일들을 블로그에 올리기 시작했어요.

김유진 하이델베르크의 낭만 스토리도 좋았지만 독일에
서 꼭 필요한 현실적인 팁들이 가득해서 도움을 많
이 받았어요. 어디나 사람 사는 이야기는 비슷하구
나 싶었어요. 블로그를 운영하시면서 가장 기억에
남는 순간은 언제일까요?

육은정 독일에 살다 보니 재미난 에피소드가 매일 생겨나
는데 혼자만 알고 있기가 아까워서 블로그에 처음
에는 일기처럼 적기 시작했어요. 창피한 실수를 하
거나 한국과 다른 신선한 독일 문화를 접할 때 독
일에 오신 한인이 알면 좋겠다 싶은 정보를 공유

하고 싶은 마음이 생겼지요. 교회 성도님께서 독일에서 처음 아이를 낳아 모르는 것 투성이였는데 제 글을 읽으며 도움을 받았다고 하셨을 때 감사하고 기뻤답니다. 현재는 잇 해피 취업에 관한 글도 올리는 데 다급한 마음으로 댓글을 남겨주시는 분들이 계세요. 독일에서 살고 싶은데 비자 해결이 어려우신 분들에게 독일 이민과 취업에 관한 도움을 드릴 수 있어서 기뻐요.

김유진 잇 해피에서 일하신 지 벌써 3년이시라고요. 독일 내 취업이 쉽지 않을 텐데 어떤 마인드로 취직을 시도해야 할까요.

육은정 취업을 따로 준비하거나 시도한 적이 없어서 조언은 어렵겠지만 주변 분들의 모습을 보면서 드는 생각이 있어요. 독일에서 자란 분이 아닌 경우 독일어가 자유롭지 못해서 한국 경력을 그대로 이어가기가 쉽지 않아요. 원하는 분야에서 일하는 게 상당히 어려운 모습을 많이 보았어요. 여성분들은 가족을 돌보느라 집에 오래 머물다 보니 독일어도 부족하고 경력이 단절되어 눈높이를 최대한 낮춰도 취업이 힘들어요.

경력과 전공 분야를 쉽게 포기하기보다 다른 일을 하면서 자신이 원하는 걸 준비하며 기회를 모색하며 때를 기다리는 자세가 필요해요. 호텔 요리사셨던 어떤 분은 요리사로 일하고 싶은데 자리를 구하지 못했고 비자 문제로 잇 해피(eat happy)에서 2년간 근무하시다가 요리사로 취직을 하셨어요. 꿈을 이루지 못한다고 생각하기보다 꿈을 이루기 위해 문을 계속 두드리는 노력이 필요합니다.

김유진 며칠 전, 5학년인 딸이 학교에서 어떤 남자아이에게 '중국인처럼 생긴 여자애'라는 소리를 듣고 기분이 엄청 나빴다면서 씩씩거리더라고요. 처음 있는 일은 아니지만 이런 이야기를 들을 때마다 당황스러워요. 이런 상황에 어떻게 대처하는 게 지혜로울까요.

육은정　저도 그 부분에 대해 고민을 많이 했는데 명확한
방법은 찾지 못했어요. 같은 반 남자아이가 딸에
게 찢어진 눈이다, 가늘다 하면서 놀렸는데 한 명
이 시작하니까 남자아이들 모두 함께 놀렸어요.
딸이 스트레스를 받아서 이런저런 방법을 제시했
는데 통하지 않았어요. 처음에는 단호하게 하지
말라거나 그 아이의 행동이 유치하다는 것을 보여
주기 위해 무시하라고도 했고 화를 내보라고도 했
는데 아이가 대차게 대처하지는 못하더라고요. 선
생님께 이른다거나 너희 집에 전화해서 엄마한테
말할 거라고 해야 멈췄다고 하더라고요. 하지만
그것도 잠시였어요.

매번 대신 싸워줄 수도 없고, 학교를 찾아가 그 상
황을 막아줄 수도 없으니 답답했죠. 아이에게 그
친구가 외모를 지적하는 건 굉장히 잘못된 행동이
고 그건 너의 잘못이 아니라는 걸 이야기해 줬어
요. 미의 기준이 다 다르고 자기의 기준으로 남을
평가하는 건 안 되며 그 친구가 어리고 잘 몰라서

그러니 신경 쓰지 말라고요. 세계적으로 유명한 한국 모델 사진을 보여주며 친구들이 놀리는 동양적인 눈으로 세계인들에게 아름답다는 평가를 받는다는 것도 알려줬어요. 아이의 내면이 단단해지도록 얘기했는데 제 말을 이해하면서도 막상 학교에서 놀림당하는 상황은 힘들었을 거예요. 다행히 시간이 지나면서 아이들이 흥미를 잃었는지 현재는 그런 문제는 없답니다.

김유진 은정님에게 독일어란 한마디로 무엇인가요? 공부는 어떻게 하고 계신지요.

육은정 독일어는 숙제 같은 애증의 존재예요. 해야 하는데 하기는 싫었다고 할까요? 독일에 오면서 A2(초급)까지 공부한 게 생활하는 데 도움은 되었지만 들리지도 않고 입도 잘 안 떨어지고 힘들었어요. 한국에서 각 과정을 제대로 숙지하면서 레벨이 올라간 게 아니라서 현지에서 사용하기에는 무리가 있었어요. 애들도 어리고, 경제적 여건도 안 되어서 어학원을 다니지 못했는데 제대로 된 대화를 할 수 없다는 사실 자체가 큰 스트레스였어요. 독학으로 공부하는 건 어렵고 뭘 해야 할지도 막막하더라고요.

생활 단어를 익히기 위해 생활용품을 사면 사용법이나 효능에 대한 설명들을 지나치지 않고 사전 찾아가며 읽어보고 길거리의 표지판, 광고판, 안내문 등 눈에 보이는 것들부터 알려고 노력하고요. 하지만 독일어가 재미있거나 하고 싶어서 하는 공부가 아닌, 어쩔 수 없이 해야 하는 공부여서 꾸준히 하지 못했어요. 독일어를 못해서 속상한 일이 생기면 의지가 불타올라서 열심히 하다가 사그라들었다를 반복했죠.

독일 산 지 10년 만에 처음으로 어학원에 다녔어요. 다행히 독일에서의 시간이 허송세월만은 아니었는지 선생님 설명도 잘 알아듣고 공부 내용도 쉽게 따라가고 있답니다. 그동안의 작은 노력들이 헛

되지 않았나 봐요. 어학원을 다닌다고 제가 얼마나 독일어를 더 잘하게 될지는 여전히 의문이지만 궁금했던 점들이 조금씩 해결되면서 독일어에 대한 재미가 생기고 있어요. 그 자체로 큰 결실이지 싶습니다.

김유진 이방인으로서 가장 힘든 순간은 언제이고 어떻게 극복하시나요.

육은정 이방인으로서 힘든 것은 아무래도 이방인이라는 사실 그 자체가 아닐까요. 처음엔 지금 이 시간만 잘 견뎌서 모든 것이 익숙해지면 독일인들처럼 살게 될거란 기대도 있었는데 5년 정도 살아보니 이곳에 평생을 살아도 그런 날이 과연 올까 싶더라고요. 독일어도 유창해지고 독일인 친구도 사귀고 직장 생활을 하면서 스며든다 해도 전 독일에서 어쩔 수 없는 이방인이니까요.

이제는 무언가 억지로 해보겠다는 마음은 내려놓

고 자연스럽고 즐겁게 독일 생활을 하려고 해요. 독일어에 대한 부담감이나 그들과 다른 외모와 문화에서 오는 스트레스는 당연하게 받아들이고 이방인이라는 사실 자체를 받아들이는 거죠. 가족과 친구들과 함께 독일 생활을 감사한 마음으로 즐겁게 해나가는 것이 이방인으로서 독일에서 잘 살아가는 방법입니다.

김유진 최인철의 『굿 라이프』에서 이민자들의 삶을 연구해 본 결과 "삶의 질이 좋은 나라로의 이민은 사람들을 행복하게 만든다."라는 문장을 읽고 반가웠답니다. 은정 님은 독일 생활에 얼마나 만족하시나요? 10점 만점에 몇 점을 주시겠어요?

육은정 10점 만점에 8점이요. 이방인으로 살아가는 고충 때문에 만점은 주지 못하겠지만 시민 의식 수준도 높고 사람들도 예의 바르고 깨끗한 환경이라 살면서 생활에서 오는 스트레스는 적어요. 독일인의 근검절약하고 자연을 아끼고 보호하려는 분위기가 함께 살아갈 미래를 조금이나마 밝게 해주는 듯해서 공동체의 일원으로서 뿌듯합니다. 독일에서의 삶이 만족스러운 부분입니다.

자녀 양육과 교육 지원도 만족합니다. 양육비는 외국인이든 자국민이든 모두에게 공평하게 주고, 자녀 출산 후 육아 휴직이 어렵지 않은 점을 높이 평가해요. 대학교까지 돈 걱정하지 않고 편안하게 공부할 수 있는 시스템이 매력적입니다. 한국에서는 어디로 가는지도 모른 채 앞만 보고 달리는 느낌이라면 지금은 잠시 멈춰 서서 걸어온 길이 어떤지, 앞으로 어디를 향해 가야 할지 생각할 여유가 있답니다.

독일에 올 때 이것만은 꼭 챙기세요.

프랑크푸르트의 독문학 수석 졸업자 이린다

김유진　린다 님, 자기소개 부탁드려요.

이린다　독일에서 엄마로, 회사의 일원으로, 소소한 유튜버로, 현지 한인 신문에 가끔씩 글 쓰며 사는 이린다입니다. 독일에서 유학 생활을 하던 남편이 군입대로 한국에 왔을 당시 저는 부산에 있는 독일문화원을 다니고 있었어요. 그때 지금의 남편을 만났고 그를 따라 독일에 와서 아이 둘을 낳고 22년째 살고 있답니다.

김유진　부부가 독일어를 잘했음에도 불구하고 독일살이가 만만치 않았다고 하셨어요. 초창기 적응과정에서 가장 힘든 점은 무엇일까요?

이린다 처음 만날 당시 남편은 이미 독문학 박사과정 중이었다가 사업을 시작하고 있었고, 저는 한국에서 독문학 석사과정을 마치고 3년간 한국 소재의 독일 회사에서 근무 중이었답니다. 부부는 독일어를 아주 잘했지요. 사실 요즘은 그 독일어가 많이 녹슬었답니다. 남편은 유학 생활에도 불구하고 마치 독일에 처음 온 사람 같았어요. 신혼집에 세탁기를 들여온 날에는 수도관을 잇다가 온 집안에 홍수를 내고, 한국과 다른 단자인 것도 모르고 전구를 달다가 암흑의 밤을 만들고, 보험도 들기 전에 차를 사서 몰고 오는 길에 사고를 냈지요. 이미 그때부터 우리의 독일 생활은 꽃길이 아니라 고생길이 될 것을 알았죠.

무엇보다 힘든 건 육아와 직장 생활을 병행하는 것이었어요. 요즘처럼 한국 교민들이 운집해서 사는 동네가 많지 않던 때라 주변에 도와줄 손길이 없고, 남편이 1년 중 반은 출장을 가는 직업이어서 더욱 힘들었지요. 특히 아이들이 아플 때, 남편이 해외 출장 중이고 저는 회사에 가야 하고 그런 상황 아시죠? 물리적으로 어쩌지를 못할 때는 한국에 계신 친정엄마 손길이 무척 그리웠답니다.

김유진 20년이라는 세월을 독일에서 보내면 원어민에 근접한 독일어 구사가 가능할까요? 독일어에 들인 시간은 얼마나 되시나요?

이린다 한국에서 독어독문학과 석사과정을 마쳤답니다. 석사는 수석으로 졸업했고요. 학생 때 문학을 참 좋아했어요. 특히나 독문학의 매력에 푹 빠져서 『데미안』을 독일어로 읽고 싶은 마음으로 선택했습니다. 대학교 2학년 때부터 독일인 교수님과 대화가 가능할 정도로 독일어를 잘하고 싶어서 아주 열심히 한 학생이었지요. 당시 부산에 독일문화원이 개원되어 얼마나 열심히 다녔는지 모릅니다. 독일에서 20년 살아도 독일어는 못할 수 있습니다. 전 오히려 잘하던 독일어가 지금 너무 녹슬어서 다시 공부하려고 합니다.

독일어학원인 괴테 인스티튜트에서 수업받고 싶었는데, 수업료가 너무 비싸서 수준만 알아보려고 몇 년 전에 시험을 봤습니다. 그 기간 중 제일 높은 성적이 나와서 무료로 C2(원어민 수준) 과정을 다녔습니다. 중요한 것은 열정이라고 봅니다. 독일어가 정말 어려운 언어인 건 맞습니다. 그래도 '이 언어를 씹어서 내 혀 속에 넣고 다닐 거야.' 라는 열정이 있다면 언젠가는 독일어를 자유자재로 구사할 날도 오지 않을까요? 참고로 전 1학년 때 전공 독일어 과목에서 F를 받았답니다.

김유진　20년 이상 사셨음에도 독일에 계속 살아야 하나 고민이시라고요?

이린다　한국에 갈까 말까, 어디에 살아야 하나 하는 고민은 독일 생활 1년 차나 20년 차 40년 차도 똑같이 하더군요. 갈등의 이유는 결국 두려움이겠지요. 한국인이 독일 이민 고민할 때와 비슷한 두려움이요. 독일에서도 외국인으로 살면서 힘들었는데 반쯤 독일인이 된 내가 한국에서 또 이방인처럼 사는 건 아닐까. 한 번씩 한국 가서 겪게 되는 불편함이나 다른 물가 다른 문화에서 이방인이라는 기분이 들거든요.

가족과 친구를 만날 때는 좋지만 혼자가 되면 부딪히는 현실적인 부분이 있으니까요. 요즘은 한국에 안 가는 것이 아니라 못 가게 될 것 같다는 쪽으로 기웁니다. 독일보다 한국 부동산이 훨씬 비싸기 때문에 노후 살림살이가 유지될까 의문이라서요. 독일에 살면 노후에 유럽 여행을 많이 다닐 수 있고 이미 길들여진 게르만식 미니멀리즘 라이프스타일은 한국 문화에 발 담그기엔 늦은 것 같습니다. 나이 들어서 새로운 관계를 만드는 건 한국에서도 힘들 것 같아서 아직도 결론을 못 짓고 있습니다.

김유진   이방인의 삶이 원래 그런 건지 독일이라서 그런 건
지 자주 우울하다는 말을 입에 달고 삽니다. 최근
에 번아웃 진단을 받으신 근본적인 이유가 사는 곳
과 크게 연관성이 있는 걸까요?

이린다   독일인들은 스스로 저주받은 날씨라고 하더군요.
1년의 반은 겨울이고 해를 거의 못 보는 시절도 있
는데요. 의사는 해를 못 보는 날씨가 우울증에 제
일 큰 영향을 준답니다. 겨울에 우울증 환자도 늘
고, 특히 이번 코로나 블루로 더욱 많아졌지요. 번
아웃도 우울증의 한 형태인데 이번에는 회사의 업
무 과중으로 인한 번아웃이었어요. 코로나 핑계로
출근하지 않는 직원들이 많았는데 그 업무를 다 떠
맡게 되면서 멘탈이 탈출했나 봐요.

어떻게 극복했냐고요? 강철 멘탈 남편이 없었다면
저는 독일 생활도 우울증 탈출도 못 했을 거예요.
멘탈 약자들은 날씨나 주변의 영향을 많이 받는답
니다. 외부 요인으로 영향을 덜 받는 강인한 사람

이 되어야 독일 생활을 잘할 수 있어요. 남편은 날씨 영향을 전혀 받지 않습니다. 오히려 비가 오거나 우중충한 날씨를 즐겨버리지요.

8년 전 즈음, 심한 우울증이 왔는데 의사가 지금 당장 비행기 타고 한국 가라고 처방을 내려주었어요. 병명은 우울증의 일환인 향수병, 처방은 무조건 한국 가서 놀다 오기였어요. 일 년에 두 번씩 한국으로 진탕 휴가를 다녀왔더니 우울증이 없어졌어요. 돈도 함께 없어졌지만요.(웃음) 이번 번아웃은 그때보다 심하진 않았지만 증세는 심각했어요. 잦은 야근과 과중한 업무에 지친 심신을 깊은 수면, 보약과 침으로 돋우고 매일 명상하고 산책하라는 의사의 조언을 따르면서 조금씩 나아졌답니다.

독일 날씨나 생활 분위기 등은 활기찬 사람도 가라앉게 만드는 음산한 마녀의 집 같은 기운이 감돈답니다. 이것을 떨치려면 의식적으로 기분을 높이려는 행동을 해야 합니다. 밝은 의상을 입고 아늑한

실내에서 생기를 돋우는 한국 음식을 해 먹고 활기찬 운동을 하면서 비타민 D를 꼭 챙겨 먹습니다. 재미없는 독일 개그 프로를 보면서 기분을 우울하게 만들면 절대 안 됩니다.

김유진   자녀가 독일 교육을 처음부터 끝까지 경험했군요. 독일 교육의 좋은 점은 무엇일까요?

이린다   유치원에서부터 대학까지 다 경험했네요. 결론부터 말하자면 독일 교육 시스템은 훌륭한 것 같습니다. 아이들이 공부 안 하는 것 같지만 길게 보니 공부를 스스로 하게 만드는 시스템이더라고요. 할 놈은 한다 이거지요. 한국어에 '늦되다'라는 말이 있잖아요. 늦된 아이도 독일에서는 대학 갈 길이 다 연결되는 걸 보았어요. 잘 아시겠지만 '유치원 – 초등학교 – 직업학교/레알슐레/김나지움 – 전문대/대학교' 이 과정만 있는 게 아니란 걸 아이들을 직접 키우면서 알게 되었습니다. 꼭 김나지움을 가야 대학에 갈 수 있는 게 아니더군요. 이리 갔다, 저리 갔다 했어도 대학에 가서 공부하고 싶은 사람을 위한 다양한 고등 과정이 있습니다. 부모가 특별한 도움을 주지 않아도 제 갈 길 알아서 찾아가더라고요.

대학교 과정도 다양하게 변경이 가능합니다. 즉, 학제가 상당히 유연합니다. 그뿐 아니라 퀄리티도 상당합니다. 유럽 내에서나 미국에서도 독일 대학은 수준급으로 인정해 주니까요. 다만 공부를 쌍코피 터지게 해야 합니다. 스스로 그렇게 공부에 빠져들어 진정한 공부를 하는 대학생들이더군요. 자신의 직업관이 뚜렷하게 서고 그 발판으로 진로를 결정하면서 우회하거나 쉬어도 결정대로 이루게 되는 독일 학제는 한국도 본받았으면 합니다.

김유진   독일 교육의 단점을 꼽는다면 무엇이 있을까요?

이린다   위의 과정이 5학년부터 12학년(니더작센주는 13학년)까지 약 8년으로 좀 길면서 느슨하다고 할 수 있는데, 그 과정은 남의 도움 없이 혼자 깨닫는 여정입니다. 지루한 여정에서 적합하지 않은 선택을 하거나, 아예 흥미를 잃어버릴 수도 있죠. 학교와 선생님의 역할이 별로 없는 데다 여기서도 게르만 민족 특유의 개인주의가 발동하여 각자 알아서 하라는 것이 그들의 입장이니 선택한 결과는 학생들 몫이지요. 한마디로 각개전투입니다. 미리 생각이 훈련되지 않은 학생들은 별생각 없이 김나지움 졸업하고 대학 입학했다간 졸업도 못 하고 어중간하게 중퇴해서 변변한 직업도 못 구하는 경우도 많습니다. 장점이면서 단점이기도 하네요.

김유진   독일에 이민 오시는 분들이 꼭 준비하면 좋을 세 가지는 무엇일까요?

이린다   첫째는 독일 가서 독일인으로 살겠다는 생각보다는 당당한 한국인의 자부심, 강철 멘탈을 들고 오세요. 우린 죽었다 깨나도 독일 사람 안 됩니다. 독일에 사는 당당한 한국인이 되겠다는 생각이 있어야 오히려 잘 살 수 있습니다. 둘째는 오기 전에 목욕탕 가서 남 신경 쓰며 살던 습관을 묵은 때와 함께 밀고 오세요. 셋째는 독일어 공부 대충 말고 아주아주 잘하겠다는 목표로 오십시오.

■ ■ ■ ■ ■

독일에서 잘 살려면
절대 단념하면 안 되는 한 가지는 뭘까요?

프랑크푸르트의 행복한 이방인 이은지

김유진 은지 님, 자기소개 부탁드려요.

이은지 중국학을 전공하고 아시아 전반에 관심이 많은 독
일인 남편을 만나 2000년에 독일에 왔습니다. 어
학을 끝내고 함부르크 대학에서 동아시아 학과를
잠깐 다니다가 취업이 되어 학업을 중퇴하고 그때
부터 일을 했답니다. 함부르크에서 14년 살다가 프
랑크푸르트에 위치한 회사에 취업하면서 이사했
습니다. 새로 옮긴 회사에서 8년째 되는 해, 그러니
까 재작년 가을, 번아웃이 와서 퇴사했습니다. 그

간 여행도 다니고 독일어도 배우며 쉬다가 얼마 전
회계법인에서 함께 일하자는 제안을 받고 조만간
출근합니다.

김유진 독일 사신 지 20년이 넘으셨군요. 감회 부탁드려
요.

이은지 독일에서 이방인으로 사는 건 쉽지 않은 일이지요.
한국에서 기본적으로 누리는 것조차 노력해야 얻
을 수 있으니까요. 한국에서 사는 것보다 외국에서
사는 것이 에너지가 두 배 정도 더 들어가는 것 같
아요. 그래도 저는 독일에서 사는 것이 적성에 맞
아요. 사람마다 자기 성향에 맞는 나라가 있는데
독일이 저하고 궁합이 맞아요. 독일은 제게 많은
기회를 준 나라입니다. 예를 들면 어학을 배우거나
대학에서 공부를 하고 싶으면 얼마든지 시스템적
으로 지원이 됩니다. 여성이고 외국인이지만 의지
만 있으면 늘 기회를 주었기 때문에 한국에서는 보
이지 않는 벽을 느꼈지만 독일에서는 그런 부분이

없었어요.

김유진   나이 제한이 덜한 독일이 한국보다 재취업이 쉽다는 글을 읽고 귀가 솔깃했어요. 전공과 다른 쪽으로 취업하신 이야기와 과감히 퇴사하신 연유도 궁금합니다.

이은지   전공은 신문방송학과이지만 독일 잡지사나 방송국에 취직해서 기사나 대본을 쓸 거란 생각 따위는 아예 하지 않았고요. 여기저기 기웃거리며 잡일, 많이 했습니다. 이번에 퇴사한 이유는 번아웃 때문입니다. 애초에 회계는 제 취향에 맞지 않는데 그 길이 아니면 번듯한 곳으로 취직할 수 없을 것 같아서 바이터빌둥(Weiterbildung 직업 추가 교육)을 회계 쪽으로 했습니다. 독일에서 직업 교육을 받으려면 최소 1년의 아르바이트 경험이 필요해서 호텔에서 조식 만드는 일을 했는데 힘들어서 6개월 다니다 그만뒀습니다. 그 사정을 노동청 담당자에게 말했더니 운 좋게 지원금이 나와서 직업 교육을 받았습니다. 물론 6개월간 교육을 받고 시험까지 보는 게 쉽지 않았지만 덕분에 회사에 취업할수 있었어요. 예전 회사는 대우도 괜찮고 솔직히두 번 다시 이런 회사에 취직할 수 있을까 싶을 정도로 상사와 회사 구성원들이 좋았습니다만 평안감사도 제가 싫다는데 어쩝니까. 번아웃 때문에 쉬고 싶었어요. 그놈의 인보이스들, 엑셀 도표 더 이상 보고 싶지 않았어요. 사표 내기를 더 미뤘으면아마 죽었을 거예요.

그런데 배운 게 도둑질이라고 또 그 불구덩이로 들어가게 됐네요. 회계법인이면 사실 일반 회사보다일이 많은데 어쩔 수 없죠. 잘 노는 사람이라면 한번 놀아보겠지만 그런 사람이 못돼요. 취미도 없고, 친구도 없어요. 수다 떠는 것도 별로 안 좋아해요. 그럼 뭐 하냐? 그냥 가만히 있습니다. 일을 안하니 폐인 되겠더라고요. 일을 취미 삼아 살살하는수밖에 없죠. 그래서 이번엔 파트타이머로 계약했습니다.

김유진 아직도 독일어학원을 기웃거리신다고 부끄러운 듯 말씀하셨지만 무려 C1(독일어 자격증은 A1, A2, B1, B2, C1, C2 단계가 있고 A1에서 C2로 갈수록 어렵다) 과정이라니 존경스럽습니다. 저는 B1과 B2 사이 어디쯤인 거 같은데 하루에도 몇 번씩 포기하고 싶은 마음입니다. 독일어를 배우는 은지 님만의 팁이 있을까요?

이은지 개인적으로 B2 단계가 독일어를 배우는 과정에서 최대 고비라고 생각해요. 왜냐하면 B1 이하 과정에 있는 사람은 아예 신문 기사나 관공서, 학교 등에서 온 편지를 읽을 생각을 안 해서 남한테 묻습니다. C1 이상 끝낸 사람들은 신문 기사나 편지를 읽는데 그다지 불편함이 없습니다. B2가 딱 어중된 과정인데, 신문을 읽어도 자꾸 막히고, 뉴스를 들어도 귀에 찰싹 들어와 박히지 않고, 말도 꽤 오래 배운 것 같은데 아직 어버버하니 도대체 이놈의 독일어는 언제! 이러면서 대개 포기하고 맙니다. 그 고비만 잘 넘기면 눈과 입이 트여서 태평성대가 열린다고 봐도 무방합니다.

1년 만에 C1까지 끝내겠다는 사람도 있는데 언어는 많은 단어와 문법을 짧은 시간 안에 쑤셔 넣는다고 능숙해지는 게 아니지요. 단어를 아무리 달달 외워도 입이 그렇게 단기간에 트이지 않습니다. 시간을 가지고 서서히 그 나라의 문화를 즐기고 음식도 먹으면서 배우는 것이 좋습니다. 그런 의미에서 유진 님이 독일에서 살아온 6년이라는 시간은 B2를 배우기에 안성맞춤인 시기입니다.

좋은 성적으로 B2를 끝내고 싶다면 도이체 벨레(Deutsche Welle) 신문을 탐독하라고 말씀드리고 싶어요. 이 사이트에서는 독일어를 배우는 외국인 수준에 맞춘 기사를 제공하고 있어요. 자신의 수준에 맞는 기사를 찾아서 읽거나 들을 수 있답니다. 도이체 벨레 도이치 레르넨(Deutsche Welle Deutsch Lernen) 치면 사이트가 뜰 거예요. 저는 중고등학교 시절부터 팝송을 좋아해서 팝송을 들으면서 영어를 배웠는데 그런 경험들이 독일어를 배우는 데도 긍정적인 영향을 끼쳤다고 봐요.

김유진　독일어를 때려치우고 싶을 때마다 어떻게 극복하셨는지도 궁금합니다.

이은지　사람마다 적성이 달라서 외국어를 즐겨 배우는 사람이 있는가 하면 죽어도 못 배우겠다고 스트레스를 받는 사람도 있지요. 제 친구는 산업디자인과를 졸업하고 한국으로 돌아갔는데요, 독일어라면 지긋지긋하다면서 뒤도 안 돌아보고 떠나갔어요. 그 친구는 독일에서 체류하는 10년 내내 독일어 때문에 너무 힘들어했습니다. 독일에서 대학까지 졸업한 사람이 어떻게 독일어 때문에 힘들어할까 싶지만 의외로 그런 사람이 많습니다. 대학에 다녀도 독일어가 그다지 늘지 않기 때문입니다. 대학은 어학원이 아니니까요. 독일에서 대학에 다니는 사람도 이런 실정인데 다른 사람들은 말해 뭐 하겠습니까. 모두가 힘들어하는 것이 독일어입니다.

저 역시 그만뒀었죠. 직장 다니던 시기에는 언어 스트레스로 집에 오면 한국 방송만 봤습니다. 드라마나 영화 대신 아무 생각 없이 볼 수 있는 예능만 봤습니다. 회사를 그만두고 마음의 여유가 생기니 다시 공부하고 싶다는 생각이 들었어요. 유진 님도 어쩌면 육아에, 외국 생활에 지쳐서 마음의 여유가 없어졌을 수도 있어요. 이런 힘든 상태에서는 뭘 해도 성과를 내기가 힘들죠. 한 단계 낮춰서 다시 시작하면 어떨까요? 과정이 힘들면 스트레스를 받고 의욕도 없어지지요. 당장 대학에 들어가야 하는 것도 아닌데 스트레스 받으면서 공부할 필요는 없잖아요. 한 단계 낮춰서 시작하면 아무래도 적극적으로 수업에 임할 수 있을 거고 그러면 공부에 재미도 붙지 않을까요?

김유진   혹자는 모국어는 영혼의 안식처라고도 하는데 전산소 호흡기 같다는 생각을 종종 합니다.

이은지   한국어는 제 영혼의 안식처입니다. 작가 박완서 님께서 하나뿐인 잘난 아들을 교통사고로 잃고 고통과 회한에 몸부림치던 시기, 『한 말씀만 하소서』라는 수필집을 낸 적이 있습니다. 수필 말미에 아픈 기억이 있는 한국을 벗어나 딸이 살고 있는 미국에 가서 잠시 지냈다는 얘기가 나옵니다. 그분은 죽은 자식에 대한 기억이 있는 한국을 도망치듯 떠나 미국에 갔지만 모국어에 대한 그리움 때문에 오래 머물지 못하고 한국으로 돌아왔습니다. 한국어라는 산소 호흡기가 필요하셨던 거죠. 저 역시 그 부분에서 극히 공감했습니다.

쓰기와 읽기를 좋아하는 분들은 모국어에 대한 집착에서 벗어나기가 참 어렵습니다. 저는 독일 생활 초창기 때 눈이 헛헛해서 혼났습니다. 한국 음식은 그립지 않은데 한국어로 된 읽을거리가 그리워 짐승의 썩은 고기를 찾아 헤매는 하이에나처럼 한글 책을 찾아 헤맸습니다. 그때 함부르크 대학 도서관에 한국문학 전집을 빌려다가 다 읽었습니다. 지금도 마찬가지입니다. 제가 아무리 독일어를 갈고닦아 잘하게 되는 날이 오더라도 독일어로 책을 읽기는 고무장갑 끼고 등 긁기와 다를 바 없습니다. 참된 재미가 없습니다.

김유진 이방인으로서 외국에 오래 살면서 터득하신 단념해야 하는 세 가지와 절대 포기하면 안 되는 단 한 가지는 뭘까요.

이은지 단념해야 할 것 세 가지 중 첫 번째는 내가 독일인처럼 잘할 수 있을 거라는 의지입니다. 외국인으로서 어떤 것들은 절대 독일 사람처럼 할 수 없습니다. 예를 들면 이메일을 독일 사람처럼 완벽하게 쓸 수 없죠. 이메일 주소를 보면 다들 내가 외국인이라는 걸 압니다. 조금 틀려도 되니 완벽한 이메일 쓴다고 시간 잡아먹어 가면서 교정하지 말고 대충 써서 보냅시다.

둘째, 독일 동료들, 학부모들 대화에 끼어서 대화하다 보면 나를 공기 취급하는 사람들이 간혹 있습니다. 내 말을 무시하고 없는 사람인 것처럼 눈길조차 주지 않는 사람도 있죠. 거기에 상처받지 말아요. 상대방 입장에서 보면 악센트가 섞인 외국인과 대화하는 것이 불편할 수도 있습니다. 그 점을 이해하고 그런 사람과는 얘기 안 하면 됩니다.

셋째, 한국에서의 나를 잊어야 합니다. 한국에서 어떤 사람이었든 독일에서는 새로 시작하는 마음으로 살아야 합니다. 일을 하려고 마음을 먹었으면 설거지도 마다하지 않고 해야 합니다. 그게 어때서요? '왕년에 한국에서 내가 이랬는데…' 이런 생각으로 독일에서 산다면 돌아오는 것은 실망뿐입니다.

독일에서 잘 살기 위해서 단념하면 안 되는 한 가지는 첫째도 독일어, 둘째도 독일어입니다. 독일어를 잘해야 독립적으로 살 수 있습니다. 독일에서 산 지 15년이 넘은 친구는 아직도 병원에 혼자 가지 못합니다. 한 번은 협심증이 있는 것 같다면서 아침 9시에 병원 예약이 있는데 전화로 의사에게 통역해 줄 수 있냐고 물었습니다. 전 남편이 독일인이지만 독일에 온 지 1년 차부터 혼자서 병원에 다녔습니다. 독일어를 못하면 자기 앞가림 못하고 남에게 자기 뒤치다꺼리까지 맡겨야 합니다. 자식이 있다면 자식 뒤치다꺼리까지 남에게 손을 벌려야 합니다. 집사를 둘 만큼 경제력이 있다면 모를까 보통이라면 당연히 자존감이 많이 떨어집니다. 그러니 하기 싫어도 독일어는 해야 합니다. 독일어가 삶의 질을 결정합니다.

김유진   오디세우스가 낙원 같은 곳을 마다하고 험난한 여정을 겪으면서 10년이나 걸려서 결국은 고향으로 돌아가는 이유가 뭘까 오랫동안 생각했어요. 강대진 교수님은 "내가 기억하고 타인도 나를 기억해 주는 곳에서 온전한 자신으로 살 수 있다."라고 하셨는데 뭔지 알 것 같아요. 초반엔 아무도 나를 모르는 곳에서 사는 것도 나쁘지 않았지만 지금은 반쪽으로 사는 느낌입니다.

이은지 저는 다행히 외국에서 살기에 적합한 성격입니다. 혼자 있는 것을 좋아해서 가족 친지 친구 동호회 모임이 일반적인 한국 생활이 맞지 않습니다. 1년에 한 번 2, 3주씩 혼자서 여행을 다닙니다. 혼자서 많이 걷습니다. 친구가 필요하지 않다 보니 그나마 있던 친구들도 다 떨어져 나가고 정기적으로 연락하는 한국 친구는 두엇뿐입니다. 속마음을 털어놓을 친구 한 명 정도는 필요하지 않냐는데 저는 털어놓을 속마음도 별로 없습니다. 설사 있다 하더라도 왜 친구에게 그것을 털어놓아야 하는지 모르겠습니다. 독일 친구도 살다 보니 두엇 생겼는데 자주 연락은 하지 않지만 만나면 반갑고 같이 요리해서 먹으면서 잡담을 나눕니다. 딸아이가 있어서 학부모와도 친분 유지가 되고요. 한국에서 살았어도 인간관계의 폭이 독일보다 넓진 않았을 것 같아요.

김유진 최인철의 『굿 라이프』에서 이민자들의 삶을 연구해 본 결과 "삶의 질이 좋은 나라로의 이민은 사람들을 행복하게 만든다."라는 문장을 읽고 반가웠답니다. 은지 님은 전반적으로 독일 생활에 얼마나 만족하시나요? 10점 만점에 몇 점을 주시겠어요?

이은지 10점 만점에 7점 정도 줄 것 같아요. 좋은 것은 자연이 아름답고 공기가 맑고 조용한 산책로가 많다는 점입니다. 물가도 저렴하고 애 키우는 비용도 적게 들고요. 철마다 프랑스로, 오스트리아로, 이탈리아로 놀러 다닐 정도로 볼거리 많은 유럽에 살아서 좋고 휴가가 풍부합니다. 무엇보다 다른 이들이 내 삶에 참견하지 않아서 좋습니다. 독일에서 20년 살면서 한국에 다섯 번 정도 갔는데 늘 친구들이 저의 패션과 헤어스타일로 지청구를 줍니다. 남의 인생에 관심들이 너무 많습니다. 여러모로 피곤합니다.

3점이 깎인 건 이 나이에 아직도 독일 사회에 적응하려고 애써야 하기 때문입니다. 자연스럽게 적응하는 것이 어렵습니다. 한동안 동네 합창단에 나간 적이 있었습니다. 가보니 저 혼자 외국인이더라고요. 콩나물 대가리 읽으랴 독일어 가사 읽으랴 해석하랴 머리를 여러모로 돌려야 노래를 잘하겠더라고요. 갱년기에 뭔가를 즐기고 싶은데 그걸 위해 노력해야 한다고 생각하니 재미가 없어지더라고요. 한국에서 자연스럽게 이루어지는 일도 여기서는 노력을 해도 될까 말까입니다. 삶이 여러모로 고국보다 힘들겠죠. 그래도 장점이 7점이나 되고 단점이 3점밖에 안 되니 독일에서 살아야겠죠.

그래서 집이 어디라고요?

1판 1쇄 발행   2023. 10. 16

지 은 이   김유진
발 행 인   박윤희
편   집   김민
발 행 처   도서출판 이곳
디 자 인   디자인스튜디오 이곳
등   록   2018. 10. 8 신고번호 제 2018-000118호
주   소   서울 송파구 송파대로44길 9(송파동)
팩   스   0504.062.2548

잘못 만들어진 책은 구입하신 곳에서 교환해드립니다.
값은 뒤표지에 있습니다.
ISBN 979-11-982680-5-1 (03190)

도서출판 이곳
우리는 단순히 책을 만들지 않습니다.
작가와 책이 마주치는 이곳에서 끊임없이 나음을 너머 다름을 생각합니다.

홈페이지   https://bookndesign.com
이 메 일   bookndesign@daum.net
블 로 그   blog.naver.com/designit
유 튜 브   도서출판이곳
인스타그램   @book_n_design

이 도서의 국립중앙도서관 출판예정도서목록(CIP)은 서지정보유통지원시스템 홈페이지(http://seoji.nl.go.kr)
와 국가자료종합목록시스템(http://www.nl.go.kr/kolisnet)에서 이용하실 수 있습니다.